新治理

数字经济的制度建设与未来发展

刘西友 著

DIGITAL
ECONOMY

中国科学技术出版社
·北京·

图书在版编目（CIP）数据

新治理：数字经济的制度建设与未来发展 / 刘西友著 . — 北京：中国科学技术出版社，2022.3

ISBN 978-7-5046-9432-4

Ⅰ.①新… Ⅱ.①刘… Ⅲ.①信息经济—研究 Ⅳ. ① F49

中国版本图书馆 CIP 数据核字（2022）第 025433 号

策划编辑	申永刚　何英娇	
责任编辑	申永刚	
封面设计	马筱琨	
版式设计	锋尚设计	
责任校对	邓雪梅	
责任印制	李晓霖	

出　　版	中国科学技术出版社
发　　行	中国科学技术出版社有限公司发行部
地　　址	北京市海淀区中关村南大街 16 号
邮　　编	100081
发行电话	010-62173865
传　　真	010-62173081
网　　址	http://www.cspbooks.com.cn

开　　本	880mm×1230mm　1/32
字　　数	156 千字
印　　张	8.625
版　　次	2022 年 3 月第 1 版
印　　次	2022 年 3 月第 1 次印刷
印　　刷	北京盛通印刷股份有限公司
书　　号	ISBN 978-7-5046-9432-4/F·975
定　　价	69.00 元

（凡购买本社图书，如有缺页、倒页、脱页者，本社发行部负责调换）

本书赞誉

数字经济作为引领经济高质量发展的新形态、构建现代化经济体系的新引擎、参与新一轮国际竞争的新领域,需要在发展中规范、在规范中发展。规范数字经济发展,则需要完善数字经济治理体系。本书对各级领导干部增强发展数字经济本领、推动数字经济更好地服务和融入新发展格局有很大帮助,对各行业人员提高数字经济思维能力、提升数字素养有极好的启示意义。

——中共中央党校(国家行政学院)经济学教研部副主任、教授
曹立

作者系统梳理了数字经济带来的制度挑战,提出了构建数字经济制度体系的思路和基本框架,很有启发。

——中国信息化百人会成员、中国信息通信研究院院长
余晓晖

思想先于文化,文化先于制度,但好的制度创新最终才能奠定长久的领先地位。信息化技术推动着中国数字经济的蓬勃发展,已经渗透到了国计民生的方方面面。作为信息行业的一名企业从业人员,非常期待本书所揭示的数字经济制度建设的未来,能让中国的千行百业驶入数字经济的快车道,让我们抓住这千载难逢的历史机遇,谱写华章,有所作为。

——华为技术有限公司政企业务副总裁、深圳市信息行业协会会长
薛铭

刘西友博士关于数字经济治理研究的思路和方法,对于研究数字金融治理具有很好的借鉴价值。

——清华大学金融科技研究院副院长、中国保险与养老金研究中心主任、清华五道口全球不动产金融论坛秘书长
魏晨阳

该书对数字经济的治理理论、实践和未来进行了前沿性探索，对于深化数字经济和数字金融研究，具有重要参考价值。

——清华大学五道口金融学院战略咨询委员会委员、
清华大学金融科技研究院金融安全研究中心主任
周道许

技术和制度共同驱动数字经济发展。在数字产业化和产业数字化两个维度，急需云计算、区块链等前沿信息技术提供动力，更需与时俱进的制度体系为数字经济行稳致远来保驾护航。相关制度有哪些？特定制度怎样在数字经济治理过程发挥作用？本书为读者提供了探索性的答案，开拓了技术从业人员的视野，也深化了对数字经济本质的理解。

——北京邮电大学通信与信息系统专业副教授
张玉艳

数字经济高质量发展需要完备制度体系的支持，作者从激励与约束两个制度维度进行了细致梳理，相信本书的出版有助于数字经济理论探讨的推进与深化。

——中国社会科学院大学法学院副教授、竞争法研究中心执行主任
韩伟

数字经济发展是大势所趋，作者探索构建数字经济制度体系，并分析了相关的特征和规律，非常适合对数字经济研究领域感兴趣的教学科研人员。

——中央财经大学会计学院副教授
王春飞

数字经济是我国未来经济发展的重要场景，本书从制度经济学的角度入手，分析数字经济的制度构建和变革，为读者展现了一幅未来数字经济的画卷。

——重庆大学经济与工商管理学院教授、博士生导师
曾建光

# 推荐序 1

数字经济是继农业经济、工业经济之后的主要经济形态。世界主要发达国家都在竞相推动数字经济发展。我国数字经济的健康、安全发展，正在为经济全球化带来新动力、新机遇和新亮点。在《中华人民共和国国民经济和社会发展第十四个五年规划和2035年远景目标纲要》中，我国首次将"数字经济核心产业增加值占GDP比重"作为体现创新驱动的指标，提出到2025年数字经济核心产业增加值占GDP比重将达到10%。数字经济事关国家发展大局，数字经济健康发展有利于推动构建新发展格局，有利于推动建设现代化经济体系，有利于推动打造国家竞争新优势。党的十八大以来，党中央高度重视发展数字经济。习近平总书记强调，发展数字经济是把握新一轮科技革命和产业变革新机遇的战略选择。总书记深刻指出，要完善数字经济治理体系，健全法律法规和政策制度，完善体制机制，提高我国数字经济治理体系和治理能力现代化水平。在奔向2035年的新发展格局中，数字经济既要实现跨越式发展，也要实现规范和安全发展，这就需要科学有效的制度体系作为保障。

本书正是以制度体系的构建作为研究对象，前瞻性地探讨了数字经济制度体系的特征、规律、瓶颈和措施，为读者全面了解、把握数字经济及其制度体系相关知识提供了便捷通道，实属难能可贵。本书内容丰富，剖析深入，阐释详细，适合政策研究者和专家学者翻阅参考，也适合有兴趣了解数字经济热点、难点问题的读者阅读。

我从十几年前开始关注作者刘西友同志，作为一名"80后"，他珍惜时间，勤于思考，笔耕不辍，坚持自主、积极地把所思所想结合工作实践转化为学术成果。刘西友多年在宏观经济管理相关部门工作，他把宏观调控、投资监管、产业政策、技术经济等领域的思考融入本书。得知本书即将出版，我很高兴。也祝愿刘西友同志继续加强积累、增强调查研究能力，在学术研究和实际工作中学思践悟、春风化雨，多出好成果。

青年是祖国的未来。在世界百年未有之大变局和实现中华民族伟大复兴战略全局的宏大时代背景之中，希望更多的青年人与时俱进、登高望远，加入对数字经济的学术思考与政策研究中，为推动数字经济健康发展提供好思路、好建议，为实现中华民族伟大复兴的中国梦贡献才智和力量。

中央政策研究室原副主任
中国国际经济交流中心副理事长
中国政策科学研究会执行会长
郑新立

推荐序 2

从世界范围内看,经济社会的发展一直与科技进步相伴而行。新时代数字经济发展更加需要科学技术的支撑。航空航天领域的重大科技成果在数字经济领域有着广阔的应用前景,不但可以针对多样化的市场需求提供创新的技术解决方案,也可以通过工程学科技术的创新推动市场交易主体的理念变革。习近平总书记强调,互联网、大数据、云计算、人工智能、区块链等技术加速创新,日益融入经济社会发展各领域、全过程,数字经济发展速度之快、辐射范围之广、影响程度之深前所未有,正在成为重组全球要素资源、重塑全球经济结构、改变全球竞争格局的关键力量。习总书记要求,要站在统筹中华民族伟大复兴战略全局和世界百年未有之大变局的高度,统筹国内国际两个大局、发展安全两件大事,充分发挥海量数据和丰富应用场景优势,促进数字技术与实体经济深度融合,赋能传统产业转型升级,催生新产业、新业态、新模式,不断做强、做优、做大我国数字经济。2021年11月,十九届中央委员会第六次全体会议上通过的《中共中央关于党的百年奋斗重大成就和历史经验的决议》中专门强调"发展数字经济"。

不同领域的跨界融合是数字经济发展的历史机遇。我的专业学科是精密仪器，我在北航深耕航空航天领域，专注于陀螺仪研究。我们国家在航空航天领域做得很好，但是，我国的航空航天领域强大起来以后，更要为国民经济建设服务，为建设健康中国、平安中国、数字中国、美丽中国服务，为建成科技强国、制造强国、交通强国、海洋强国服务。无论是以技术为支撑的核磁手术机器人，还是基于天、空、地一体化的无人机测绘，都有广阔的产业前景，都与数字经济深度融合。新冠肺炎疫情发生以来，我们更加明显地感受到以强大科技为支撑的数字经济的重要性。科学技术是推动新时代数字经济发展的不竭动力，科技与制度的紧密结合是数字经济高质量发展的必由之路。

　　发展数字经济是国家的重大战略需求，但在这一领域，我们还有很长的路要走，刘西友同志在数字经济领域的系统研究，取得了显著成果，对如何抓住新技术变革机遇、优化数字经济制度顶层设计进行了创新探索，为数字中国战略的实施做出了新贡献。在中华儿女踏上实现第二个百年奋斗目标新征程之际，希望数字经济相关领域的政策制定者、专家学者、企业界人士、技术人员能从阅读本书中得到启示，再接再厉、攀登高峰，心往一处想、劲儿往一处使，共同推动数字经济持续健康发展。

中国科学院院士

北京航空航天大学教授

房建成

推荐序 3

工业革命时代的核心资源和动力是能源变革，而新经济时代的核心资源和动力毫无疑问是数字技术。数字技术引发了传统产业的变革，催生了新兴产业，同时也促进了产业间的融合发展。特别是新冠肺炎疫情暴发以来，数字技术、数字经济在支持抗击新冠肺炎疫情、恢复生产生活方面发挥了重要作用。发展数字经济是我国现阶段促进产业转型升级、实现经济高质量发展的重要途径。透过数字经济相关现象，洞悉其背后的本质和规律，在数字经济顶层设计层面提出可行的对策建议，属于较为前沿的学术领域，研究这一领域是青年学人的责任。刘西友的这本书，以其独到的思考、辛勤的劳动在这一方面做出了有益探索，为读者呈现了宝贵的智力成果。

在经济社会运行过程中，制度问题具有根本性、全局性、稳定性和长期性的特点。构建数字经济发展的制度体系是加快数字经济发展的关键一环。制度体系建立和完善是数字经济健康发展的前提和基础。研究数字经济发展中的制度体系问题，具有理论意义和实践价值。本书立足于"两个一百年"的历史交汇点，基于新发展格局和国家治理体系现代化的大背景，从激励制度和约束制度两个方面，研究了数字经济制度体系的构建，具有较强的前沿性和新颖性。本书全面综述和评析了国内外研究文献，在深入研究我国数字经济发展的历程、现状和面临的制度挑战基础上，以技术创新和制度变迁的内在协同演化为视角，分析了数字经济相关制度体系和功能，梳理了数字经济制度体系构建的国际经验，提出了构建我国数字经济制度体系的建议、对策。与同一领域的相关图书及文章相比，本书层次清晰，结构严谨，资料翔实，具有较强的现实参考和借鉴价值。

创新是学术的生命。在刘西友攻读博士学位期间，我曾与他多次谈及这一观点。很高兴的是，刘西友一直注重思考、敢于创新。可以说，创新观点和思路贯穿本书全篇。马克思主义政治经济学如何诠释数字经济及其制度体系，边际成本递增和边际效用递减规律在数字经济情境中是否还适用，如何加强税收征管以规避数字经济中的利润转移和税基侵蚀，如何平衡好数字经济发展过程的活力激发和公平竞争，对于以上问题，本书均进行了有针对性的探讨。其中不少创新观点值得今后继续加以研究。

兴趣是最好的老师。刘西友热爱学术研究，他源于兴趣的恒心和不懈努力是这本佳作得以呈现在读者面前的动力和源泉。他平时坚持阅读中、英文最新文献，持续关注多行业、多领域的前沿观点，结合实际工作，产生了一系列感悟，由此进一步梳理、形成了连续的学术研究成果。本书正是他多年思考、观察和积累的结晶。

实践是最好的试金石。制度体系管不管用、有没有效果，通过实践即可得到检验。随着数字经济的发展，相应的制度体系也要随之调适和完善。期待刘西友不断关注数字经济领域的实践进程和研究进展，期待广大读者参与这一领域理论和实务的交流研讨，也由衷期待更多的青年人以实际行动为我国数字经济治理体系和治理能力现代化做出更大的贡献。

中国人民大学商学院院长
叶康涛

前言

数字经济及其制度体系的源与流

"数字经济"一词,早期散见于以下著述中:李·麦克奈特(Lee W. Mcknight)和约瑟夫·贝利(Joseph P. Bailey)根据1995年麻省理工学院举办互联网研讨会发言稿编撰而成的《互联网经济学》;被誉为"数字经济之父"的唐·泰普斯科特(Don Tapscott)于1995年出版的《数字经济》;曼纽尔·卡斯特(Manuel Castells)于1996—1998年连续出版的《网络社会》《认同的力量》《千年终结》(《信息时代:经济、社会与文化》的三部曲);尼古拉·尼葛洛庞帝(Nicholas Negroponte)于1996年出版的《数字化生存》等。文献中出现过新经济、网络经济、信息经济、虚拟经济、知识经济、数据经济、智慧经济、智能经济、共享经济、零工经济、数字资本主义等相似概念,其内涵、外延各有侧重。在我国,数字经济有狭义、广义之分。其中,前者主要指数字产业化,后者则侧重产业数字化,两者的比例大约在1∶4。数字经济扩展了资源配置边界,在降低营销、管理和研发成本等方面有积极作用,具有边际成本递减和边际收益递增的特点,是一种依托规模效应实现零边际成本的经济形态。本书中的数字经济，是指以使用数字化的知识和信息作为关键生产要素、以现代信息网络作为重要载体、以信息通信技术的有效使用作为效率提升和经济结构优化的重要推动力的一系列经济活动。[1]

数字经济具有鲜明的时代特征。党的十八大以来，党中央高度重视发展数字经济。《中华人民共和国国民经济和社会发展第十四个五年规划和2035年远景目标纲要》（简称《"十四五"规划》）提出："迎接数字时代，激活数据要素潜能，推进网络强国建设，加快建设数字经济、数字社会、数字政府，以数字化转型整体驱动生产方式、生活方式和治理方式变革。"2021年11月《中共中央关于党的百年奋斗重大成就和历史经验的决议》在"开创中国特色社会主义新时代"部分，专门强调"发展数字经济"。基于互联网、大数据、云计算、人工智能等信息技术实现跨越式发展的数字经济，正在改变人类的工作和生活模式，不但会孕育新的消费模式，而且将催生新的生产方式，推动全球产业整合升级；不但会引起生产生活方式变革和数字化转型，而且将重构生产关系，以前所未有的广度、深度和速度，改变国际分工和发展合作关系，分化与重组世界政治经济格局。数字经济健康发展尤其有利于推动构建新发展格局。数字经济制度体系的构建，已跃升为新时代国家治理现代化领域一个重大课题。

数据是数字经济时代的核心生产要素，已成为国家的基础性、战略性资源。习近平总书记指出：数据是新的生产要素，是基础性资源和战略性资源，也是重要生产力。因此要构建以数据为关键要素的数字经济。[2]数据要素不但催生技术进步和组织变革，而且对其他生产要素具有乘数作用，可以提升全要素生产率。信息技术对经济所产生的高创新性、高带动性、高渗透性和高倍增性，具有在更大范围内组织、动员市场资源，创造大规模协作体系的巨大能力，对经济发展具有放大和叠加作用，是实现经济高质量发展的持久动力。借助颠覆性创新，数字经济催生新产品、新服务、新业态，发挥平台经济、分享经济、开源经济和零工经济等新模式的优势，实现资源的优化配置。2018年，我国数字经济规模达31.3万亿元，占国内生产总值的34.8%[3]（2008年占比仅为15.2%[4]）。2019年，我国数字经济规模达到35.84万亿元，占当年国内生产总值的36.2%，同比提升了1.4%[5]，比2008年提升了21%（表1）。受新冠肺炎疫情影响，2020年上半年，全国居民人均消费支出同比实际下降9.3%[6]，但数字经济逆势成长，线上消费持续活跃。从2020全年看，我国数字经济规模达到39.2万亿元，占GDP比重达38.6%，比2008年提升了23.4%。

我国数字经济发展拥有市场规模优势、弯道超车优势和政策制度优势，具有巨大的增长潜力和回旋余地。数字经济已经与宏观、中观、微观经济的各部分、各环节紧密结合。数字经济是加快建设数字中国的重要支撑，为坚持和完善中国特色社

表 1 我国数字经济规模增长变化表

年度	数字经济增加值（万亿元）	占国内生产总值比重（%）
2005	2.62	14.2
2008	4.81	15.2
2011	9.50	20.3
2014	16.16	26.1
2017	27.17	32.9
2018	31.29	34.8
2019	35.84	36.2
2020	39.2	38.6

数据来源：根据公开资料整理。

会主义制度、推进国家治理体系和治理能力现代化提供了有力保障；数字经济是适应新时代经济发展新变化的必然反映，成为经济发展阶段性特征的必然要求；数字经济是新发展阶段自觉践行新发展理念和构建新发展格局的集中体现，明确了全面建设现代化国家新征程上科学谋划经济工作的战略方向；数字经济是提升国家核心竞争力的源泉和动力，事关"两个一百年"奋斗目标的顺利实现；数字经济是构建人类命运共同体的必然选择，具有全球影响和世界意义。从微观看，数据要素的成本递减和网络效应推动企业实现规模经济和范围经济，企业拥有了更强的市场拓展能力，数字经济业务呈几何级数增长。数字经济增强了信息有效性，减少了管理层级，降低了生产、管理和运营成本，提升了产出效率和赢利能力[7]。新兴技术与传统经济融合，也有利于精准匹配供给和需求，降低交易成本。从中观看，数字经济推动产业创新，深化产业关联，增强产业融合。互联网等信息技术基于其自身衍生的计算、连通、规划等能力，深化实体经济生产协同和产业分工，推动传统产业转型升级和新动能培育，促进制造业和服务业向中高端发展。从宏观看，数字经济深刻改变传统经济模式与经济体系，通过技术创新提高全要素生产率，成为以国内大循环为主体、国内国际双循环相互促进新发展格局的重要着力点。数字技术、数字经济可以推动各类资源要素快捷流动、各类市场主体加速融合，帮助市场主体重构组织模式，实现跨界发展，打破时空限制，延伸产业链条，畅通国内外经济循环。数字经济作为无国界的全球经济，正在各国持续快速增长，成为缓解全球经济压力、实现经济复苏和增长的重要驱动力量。

数字经济正重塑生产资料，变革生产方式，再造生产关系。数字经济不但能够推动政府和市场互动协同，促进体制、机制和政策融合，在经济、文化等领域产生潜移默化的渗透作用，而且对效率提升、经济增长和收入分配等都能够产生显著影响，还能够推动研究者对传统经济理论进行反思和重构。数据思维正在改变人们的认知、偏好和效用函数，正在动摇传统经济学的理论根基，成为重塑经济学基础理论的变革性因素。其中，研究和探索符合数字经济运行规律和趋势的制度体系，是数字经济研究领域的重要课题。2021年3月，习近平总书记主持召开中央财经委员会第九次会议时强调，"要健全完善规则制度，加快健全平台经济法律法规，及时弥补规则空白和漏洞……"。[8]关于数字经济相关制度体系的性质及影响，国内外尚缺乏基于理论创新的较为全面的规律性、系统性认识，研究主题未得到学术界应有的关注，研究的深度有待提升，尚未形成系统的理论和方法论体系。因此，在系统性、创新性提升方面，还有很大的研究空间。比如，对数字经济制度的内涵和外延的界定不够清晰，对当前制度体系运行态势的研判和把握不够客观，无法系统解释数字经济制度体系运行的新现象新实践，存在重宏观轻微观、重局部轻全局、重规范轻实证等倾向。已有研究多属于阐释性研究、报刊评论性文章或政策解读性观点，系统、整体和协同地深入分析、深度研究的文献成果较少。针对数字经济发展质量和效益还不够高、核心创新能力还不够强、城乡区域之间的发展差距依然较大、数据开放和共享程度仍然较低、数字经济相关政策法规滞后、网络安全治理力度较低等问题，亟须从制度层面进行系统研究，运用系统科学、逻辑连贯的理论予以阐释，进而引导和把握数字经济的理论基础、制度逻辑、基本特征、支撑要素、测评体系、实现途径等。以上既构成了研究挑战，也是本书的研究机会。

在数字经济领域，技术和制度都至关重要，缺一不可。其中，制度通过影响技术、资本、劳动力等要素的配置，对数字经济发展产生深刻影响。一般来说，制度既指要求成员共同遵守的、按一定程序办事的规程，也指在一定的历史条件下形成的政治经济文化等各方面的体系，涉及集体行动和个人行动的关系。制度建立在风俗习惯、道德观念和意识形态的基础上，规范个人行为，决定人与人之间的关系，既包括法律法规等正式制度，也包括风俗习惯等非正式制度。与非正式制度比较，正式制度的内容明确而具体，对数字经济参与主体和经济社会的影响更加直接和深刻。研究过程主要涉及正式制度，即在数字经济不同发展阶段用以鼓励、引导和规范其健康运行的正式的规则体系，是为了减少不确定性、降低交易费用、防止机会主义行为等而缔结的正式合约，具有习惯性、预见性、普遍性和禁止性等特点。制度研究有助于理解数字经济的过去和当下的状况，了解现有制度的目标是否实现，是否促进数字经济发展。当前，各国在数字经济领域的竞争日益激烈，越来越表现为制度体系的竞争。2021年10月，习近平总书记在主持中共中央政治局第三十四次集体学习时强调，"数字经济事关国家发展大局，要做好我国数字经济发展顶层设计和体制机制建设……"他指出，"要完善数字经济治理体系，健全法律法规和政策制度，完善体制机制，提高我国数字经济治理体系和治理能力现代化水平"。从新制度经济学视角看，国内外数字经济发展的过程，也是不断寻找更低交易费用的经济制度体系的过程。做强、做优、做大我国的数字经济,呼唤数字治理体系尤其是制度体系的创新。制度作为公共产品,为数字经济主体提供激励机制,也约束机会主义行为。数字经济制度通过发挥激励功能和约束功能,对数字经济的发展动力、路径和趋势产生重要影响,成为数字经济发展过程中的推动、协调和保障机制。本书致力于透过形态丰富、变化万千的鲜活数字经济实践,运用马克思主义政治经济学、新制度经济学等有关理论,探寻数字经济理论和制度层面的认识和规律,从激励和约束两个维度,考察我国数字经济制度体系的构建思路,提出数字经济制度体系创新的方向和路径。

 目录

第一章 蓬勃兴起：数字经济的发展实景

第一节 技术驱动：信息技术成为推动数字经济发展的坚实基础 //3

第二节 产品引领：数字经济快速提升产品供给效率 //22

第三节 市场提升：数字经济发展的显著市场优势 //31

第四节 产业兴起：数字经济涵盖的产业部门和领域不断扩大 //37

第五节 就业倍增：数字经济发挥就业"倍增器""稳定器"作用 //46

第六节 政策优化：促进数字经济发展的政策环境日渐形成 //49

第二章 经济基础与上层建筑：数字经济制度体系的理论基础

- 第一节 理论基础 //61
- 第二节 学界成果 //68
- 第三节 数字经济制度的基本原则 //90
- 第四节 数字经济制度的体系结构 //93
- 第五节 数字经济制度体系的总体特征 //100
- 第六节 数字经济制度体系的运行目标 //104

第三章 任务与挑战：数字经济制度体系建设面临的问题

- 第一节 数据要素产权及其交易制度亟待完善 //117
- 第二节 自主创新和原始创新的保障性制度体系不健全 //120
- 第三节 逆全球化思潮不利于跨境数字经济有序发展 //125
- 第四节 税收规则滞后制约数字经济健康发展 //129
- 第五节 数字经济的平台垄断要求监管创新 //134
- 第六节 数字经济测度考核体系有待优化 //139
- 第七节 数字安全治理仍处探索阶段 //142
- 第八节 数字经济制度体系运行的薄弱环节 //149

第四章　竞争与合作：数字经济制度体系构建的国际背景

第一节　优化数字经济战略规划　//155

第二节　在推动数字经济和实体经济融合中完善创新制度　//166

第三节　强化数字经济开放制度对促进数据流动的推动作用　//170

第四节　以国际税收规则改革为抓手健全税收征管制度　//173

第五节　实施严格的反垄断规制　//179

第六节　提升数字经济安全保障制度成效　//181

第五章　激励与约束：数字经济制度体系的运行前景

第一节　数字经济制度体系激励功能的发挥　//187

第二节　数字经济制度体系约束功能的发挥　//201

第三节　技术创新与制度创新协同促进数字经济发展　//221

注释　//224

参考文献　//247

第一章

蓬勃兴起：
数字经济的发展实景

数字经济兴起于20世纪90年代[1]，涵盖数字化、网络化、智能化三个阶段（李长江，2017）[2]。数字经济的概念和内涵变化迅速，英国从投入产出角度理解数字经济，韩国和俄罗斯认为数字经济是一种经济活动，美国、法国及经济合作与发展组织（Organisation for Economic Co-operation and Development，缩写为OECD，简称"经合组织"）侧重对数字经济的测度，澳大利亚则视其为一种社会进程。（田丽，2017）[3]数字经济不但改变消费者的购物观念和行为，（陈林芬、王重鸣，2005）[4]颠覆生产模式，改变市场结构，而且推动产业结构转型升级。（付宏、毛蕴诗、宋来胜，2013）[5]数字经济发展面临千载难逢的历史机遇，离不开技术驱动、产品引领、市场提升、产业兴起、政策倍增等的深度融合和良性互动。

第一节 技术驱动：信息技术成为推动数字经济发展的坚实基础

数字经济以大数据、云计算、人工智能、区块链、物联网等新技术引领传统经济的数字化转型，连接起经济全球化进程中的生产、交换、分配和消费。美国依托持续领先的创新技术，占据了全球创新链、价值链和产业链的中高端，以及一些产业附加值的最高环节。积极抢占科技竞争和未来发展制高点，突破关键核心技术，不断增强创新能力，才能从"中国制造"向"中国创造"转型。在通信、芯片设计等数个领域，我国正在冲破美国构筑的高科技垄断壁垒。近年来，推进新型基础设施建设作为落实"十四五"规划和实现2035年目标的战略举措，正成为持续扩大国内需求的工作重点，也是抢占全球科技竞争制高点的基础条件。（郑新立、白津夫、唐元、张永军、徐伟、刘森，2021）[6]

数据：驱动数字经济的最关键生产要素

数据要素是区别于土地、资本和劳动力的另外一种重要生产要素和无形资产，具有促进经济增长、提高生产效率的作用。数据自然存在于源源不断被创造出来的新的社会财富中，因其"取之不尽，用之不竭"，成为支撑经济社会快速发展的战略资源。数据要素驱动的发展模式正与劳动力、资本驱动的发展模式并行，共同起到提升经济发展质量和效益的作用。

数据是贯穿数字经济活动全部过程的客观物质条件，是数字劳动必须具有的必要条件，属于广义上的劳动资料；数字技术是人的劳动能力的延伸，作为固定资本呈现，融入劳动资料当中。从数字劳动的生产力三要素（劳动资料、劳动对象和劳动者）看，劳动资料更加具有技术性，数据成为劳动对象，劳动者则更具创新性。劳动资料的数字化（包括数字本身成为劳动资料和传统劳动资料的数字化）成为生产方式变革的起点，深刻影响劳动过程中"活劳动"和劳动资料的结合方式。劳动对象的数字化源自劳动资料的数字化，技术推动劳动资料和劳动对象紧密联系、密不可分。以数字化的知识和信息即数据作为关键生产资料，是数字劳动区别于其他劳动的根本特征。在商品的生产和流通过程，不但需要经历一定的时间，而且要消耗一定的成本。数据作为关键生产资料，在缩短时间和节约成本两方面，都有着重要作用。一方面，可以缩短劳动时间、劳动过程的正常中断时间和生产要素的储备时间，并缩短购买时间和售卖时间，从而缩短资本周转的时间，加快资本循环速度；另一方面，通过减少与劳动力相结合的生产资料的损耗，降低企业的储备和管理成本，可以减少企业采购和售卖过程的匹配成本、搜索成本，从而使相同的资本量能够雇用更多的劳动力，创造更多的价值。流通费用理论对于数字经济中提高流通效率、减少交易成本，也具有深刻的现实意义。流通和生产本身一样重要，但数字经济中流通环节的形态和逻辑业已改变，传统的商业组织体系已被颠覆，形成了全新的流通渠道和交易空间。在生产和流通两个领域，数据生产要素推动实现价值增加的途径有多种。数字经济时代，数据从资源转变为具有变现能力的资产，成为区别于土地、资本和劳动的另外一种重要生产要素和无形资产，具有促进经济增长和提高生产效率的作用。数据生产要素具有一定的非竞争性特征。从土地到资本，再到数据，生产要素的竞争属性依次减弱。数据的非竞争性主要体现在三个方面：一是实时、低成本的数据收集具有一定的普遍性；二是数据应用的瞬时性；三是收集、管理和使用特定数据并不妨碍其他主体对数据的利用。

数据存得下、流得动、用得好，数据资源才能转化为数据资产。数字经济加快了数据和信息的获取、流动和交易，使信息传递更加直接、通畅，不但提高了交易的快捷性和准确性，而且降低了交易成本，提升了劳动生产率。安全、快速的数据流对数字经济发展至关重要。在信息技术支撑下，正确的数据能够在正确的时间，以正确的方式，被传递给正确的机器和人。以海量数据为基础的信息技术，带动数据量的爆发式增长，使数据规模的增速远超摩尔定律[7]的预测。随着全球经济社会运行过程中采集、处理和积累的数据迅猛增长①，大数据成为与自然资源、人力资源同等重要的战略资源，是驱动新一轮科技变革的新引擎，是推动数字经济发展的新动力。可以说，谁拥有了大数据，谁就掌握了未来发展的资源和主动权。大数据的广泛运用还有助于颠覆传统思维模式，改造传统生产方式，从而提升生产要素组合效率，激发创新效率，提高宏观调控效率。大数据思维及其应用价值日益显现。[8]在产业互联时代，"大数据+云计算"加速助推数据成为数字经济时代的"蒸汽"与"电力"，工业大数据发展和应用不断向全产业链渗透，大数据技术在生物医药、环境保护、科研教学、工程技术、国土安全等多领域都有深度应用前景。

---

① 2022年北京冬奥会开幕式整场内容的数据量巨大，一个节目就含有几个TB的数字内容。

第一章 蓬勃兴起：数字经济的发展实景

数字平台的竞争力，很大程度上取决于其收集和分析数据的能力，以及如何实现数据的货币化以创造收入。消费者经由数字平台这一媒介，实时产生海量数据，而且年均增速异常快速。（图1-1）浩瀚的数据海洋蕴含着巨大的生产力和商机。对个体消费者来说，日常消费等交易行为所形成的各项消费支出"数据"，即成为有价值的劳动成果。单一数据对消费者来说没有意义，而作为营利性实体的平台企业无偿或低成本获取原始数据后，一旦对其进行深度挖掘和分析，就有望形成数字商品。用户点击平台页面的过程，即

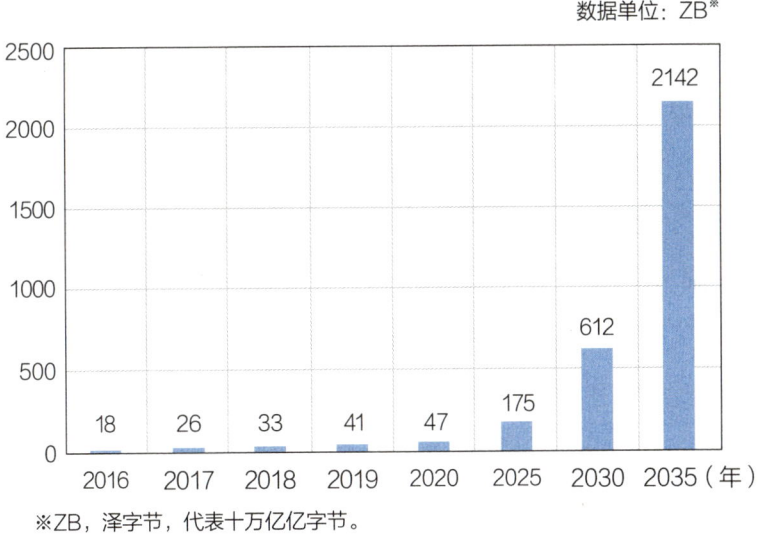

※ZB，泽字节，代表十万亿亿字节。

图1-1 全球每年产生数据量（估算）

数据来源：中国信息通信研究院。

成为平台企业实现盈利的过程。数字经济中剩余价值的生产，已由资本逻辑强加到人类生活的方方面面。在这一过程中，数据和消费者成为价值创造的重要参与者。与传统经济比较，私人劳动向社会劳动的转换有所加速。个人的精神活动也正被逐步纳入资本运动的逻辑，私人的娱乐消遣活动不再被排除在社会劳动范畴以外，而是在平台企业营利动机引导和驱使下，参与到劳动价值转化和交换价值实现中来，从而扩展了市场关系和劳动关系。数字劳动在空间上的非本地化和在时间上的弹性化特征，在时空上得到无限延展，扩大了资本获取剩余价值的广度和深度。一方面，部分劳动场所正从工厂转移到网络和手机、电脑等分布式终端，分散在不同地域的劳动力在闲暇时间使用淘宝、京东、美团等平台时，其在线行为实时为平台企业无偿提供数据和信息等生产资料，劳动者的私人劳动就具有了社会劳动的属性。分析个人消费数据和网络行为后而投放量身定制的广告，其受众定位精准、传播范围广泛，具有明确的商业化目的，起到了精准营销的作用。定向广告投放吸引了消费者注意力，提升了广告点击率，增加了商品交易额，促进了剩余价值的创造。另一方面，劳动力在闲暇时间不自觉地、无偿地参与到剩余价值创造过程，使其整个生活时间都受到资本支配。由于资本侵占、渗透和控制了劳动者工作时间之外的闲暇生活时间，因此劳动者数字劳动比传统的劳动更加促进了剩余价值创造和资本的积累。激发、发挥人们创造力和合作潜力的平台，同时存在着对劳动力的剥削问题，并通过最大化采集劳动力的日常生活行为数据，加大了对劳动力的监控。

通信基础设施：支撑作用不断增强

我国大力推进网络强国建设，已经建成世界领先、全球最大的移动通信网络和光纤通信网络，对数字经济运行的支撑作用不断增强。当前，数据中心规模增长迅猛，站点分布结构日益优化，固定宽带覆盖率稳步提升，移动宽带覆盖率和速率均持续增长。近年来，我国网络基础设施能力不断提升，移动数据流量消费继续高速增长，网络提速效果显著。（表1-1、表1-2、表1-3）

表 1-1　2014—2020 年我国 4G 基站数量及在移动基站中占比情况

年度	数量（万个）	占比（%）
2014	73.3	21.6
2015	177.1	37.9
2016	263.2	47.1
2017	328.4	53.1

续表

年度	数量（万个）	占比（%）
2018	372.4	57.5
2019	544.1	64.7
2020（截至6月）	560.2	63.9

数据来源：中国信息通信研究院。

表1-2 2014—2020年我国固定宽带光纤接入端口总数及占比

年度	数量（亿个）	占比（%）
2014	1.63	40.6
2015	2.69	56.7
2016	5.22	75.6
2017	6.57	84.4
2018	7.8	88.0
2019	8.36	91.3
2020（截至6月）	8.58	92.1

数据来源：中国信息通信研究院。

表1-3 我国手机网民规模及占比

年度	规模（亿人）	占比（%）
2012	4.2	74.5
2013	5.0	81
2014	5.6	85.8
2015	6.2	90.1
2016	7.0	95

续表

年度	规模（亿人）	占比（%）
2017	7.5	97.5
2018	8.2	98.6

数据来源：德勤发布的《全球人工智能发展白皮书》。

  我国在半导体集成电路领域已取得积极进展，虽然美国的垄断地位短期内难以撼动，但相对实力正朝有利于我国的方向发展。信息与通信技术（Information and Communication Technology，缩写为ICT）制造相关领域的技术不断快速迭代更新。硅基芯片和元器件是信息技术发展的基石。然而，硅基芯片的制程工艺已经接近物理极限，尺寸微缩逼近物理极限，升级难度日益加大，摩尔定律面临失效。同时，晶体管结构创新加速，碳基晶体管运算速度快，存储能力强，推进芯片制造工艺能力升级，有望满足新型半导体芯片发展需求。同时，系统级设计和多质多维封装同步深化，有利于进一步提高芯片集成度。

  5G和IPv6（Internet Protocol Version 6，互联网协议第6版）等领域的布局加快突进。5G技术是通信行业的新动力，对整个移动生态系统正产生巨大的推动作用，对经济社会发展的影响巨大，已被多个国家提升为国家战略，在全球产生着重要影响力。5G是人工智能、虚拟现实/增强现实、智能家居、智慧医疗、智慧城市、车联网、城市管理、环境监测、智能交通以及工业互联网等数字经济前沿技术的前置性技术，具有超高速、低时延、广链接等特点。截至2021年9月底，5G基站达115.9万个，5G终端连接数达4.5亿户。5G正在重构城市信息基础设施，带动相关设备制造快速兴起，引领互联网内容产业的深度变革，实现消费互联网向产业互联网的关键跨越，这些均有利于扩大内需，带动就业，拉动经济增长，有利于推动实体经济转型和经济高质量发展。同时，我国IPv6的普及也稳步推进。IPv6传输速度更快，响应延迟更低，吞吐量更高。当前，我国IPv6保有量稳步提升，已位居全球第一，应用前景广阔。

人工智能：正在抢占相关产业制高点

受益于算法开源、算力提高和专用硬件的发展，人工智能领域的深度神经网络等技术的应用日新月异，正成为推动人类进入智能时代的重要推力。在感知数据和图形处理器等计算平台，正推动图像分类、无人驾驶、语音识别、人机对弈、知识问答等人工智能技术不断取得突破。通用人工智能加快起步，向人机协同、自主智能系统突破；局部智能测试、图像识别和人脸识别也在加快追赶人类智能。操作灵巧、体积更小、能力更强的机器人应用日益广泛，在工业、民用和军事领域的应用前景广阔。全球主要科技企业积极布局大数据、人工智能等技术生态,努力占据相关产业制高点。(图1-2)同时,人工智能的发展离不开大数据作为前提。[9]

我国不断加大对人工智能发展和应用的支持力度,提升人工智能研发强度,拓展应用领域,全方位增强我国在人工智能领域的国际竞争力。随着智能化成为未来整个信息技术产业的核心,以人工智能为核心的第四次产业革命已经开启。人工智能技术的应用正提升各行业运转效率,为数字经济发展注入新动力,对生产力和产业结构产生深远影响。工业机器人正成为电子信息制造业发展的新兴趋势,具有高灵活性、高生产率、高精度、高质量等特点,减少了对劳动的依赖。

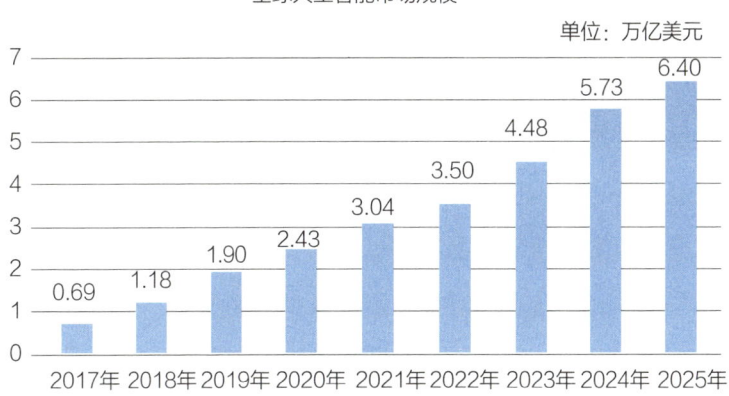

全球人工智能市场规模

单位:万亿美元

2017年	0.69
2018年	1.18
2019年	1.90
2020年	2.43
2021年	3.04
2022年	3.50
2023年	4.48
2024年	5.73
2025年	6.40

图1-2 全球人工智能市场规模

数据来源:德勤发布的《全球人工智能发展白皮书》。

全球工业机器人的需求随着工业机器人技术的逐渐成熟而持续增加，应用场景不断拓展。根据国际机器人联合会（IFR）报告，我国已经成为世界上最大的工业机器人的应用市场。2018年，我国工业机器人应用密度为140台/万人，高于世界99台/万人的平均水平。

区块链、物联网和数字孪生技术：数字化转型的强大动力

区块链具有可追溯、不可更改、公开透明、不可伪造、无须第三方背书等特点，不但有利于提高透明度，促进构建新的信用体系，打破大数据的流通共享壁垒，提高大数据质量，而且能够显著降低整个社会经济运行中的交易成本，具有广泛的适用性。借助机器共识、共享账本、智能合约、隐私保护等技术变革，区块链与大数据、人工智能、物联网等深度融合，进一步提高了数据的可用性和安全性。去中心化的记账方案推动了数据和信息的充分自由流动，改善了市场参与主体间的信息不对称，能够减少市场失灵，提高资源配置效率；共识机制凸显了数字信用的客观性，有助于化解数字经济中的信任危机；非对称加密和智能合约有效改善了数据壁垒、泄露、篡改、窃取等问题，为数字经济发展提供了

安全保障。区块链技术正加快进入大规模商业化应用阶段，在智慧城市[10]、数字政务[11]、数字货币[12]、供应链、社会公共服务等领域的应用非常广泛。（图1-3）比如，在新型智慧城

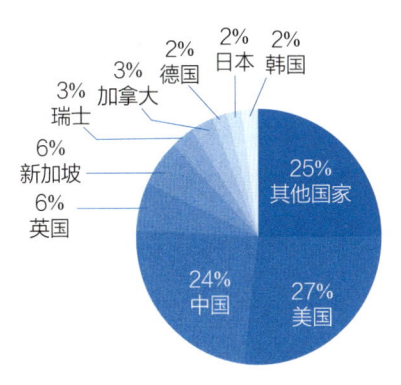

图 1-3　全球主要国家地区区块链企业占比情况

数据来源：中国信息通信研究院。

市领域，区块链技术可用来探索实现信息基础设备间数据信息的高效交换，提升信息基础设施协同能力；依托区块链技术，数字货币可实现互相转账，即双离线支付。全球最大的社交媒体脸书（Facebook）联合其他多家机构发行了天秤币（Libra），成为一次伟大的区块链实践变革，引发了各国央行发行数字货币、提升本国货币吸引力的全球竞争。

物联网技术通过传感器、射频设备技术、全球定位系统、红外感应器、激光扫描等各种传感设备，采集声、光、热、电、力学、化学、生物、位置等各种信息，并与互联网、无

线专网进行实时信息流的交互传输,实现物与人、物与物的网络识别、连接、管理和控制。中国移动、中国联通、中国电信三大运营商积极发展物联网建设,推动物联网在教育、医疗、交通和环境监测等领域的深化应用。中国已建成全球最大的NB-IoT网络[13],海量广覆盖的低功耗连接条件已经初步具备,为应用规模化发展打下良好基础。随着家庭居住、个人穿戴、交通出行、医疗健康等领域新一代智能硬件的变革,智能终端已经渗透到经济社会生产生活的各个领域,联网设备边界正向如可穿戴设备、汽车等一般物品广泛延伸,产品共享化、智能化和应用场景多元化的趋势凸显。(表1-4、表1-5)近年来,腾讯、百度等互联网巨头公司正在加速物联网布局,以物联网为代表的信息感知和处理正推动信息产业进一步向纵深发展,依托传感器工业软件和网络通信设备的物联网正加速应用于生产领域。据美国信息技术创新基金会

表1-4 国内移动物联网连接数

年度	物联网连接数(亿)
2017	2.71
2018	6.71
2019	10.3
2020	12

数据来源:中国信息通信研究院。

表 1-5 国内共享出行在居民日常出行占比

年龄段	2017 年占比（%）	2020 年占比（%）
19 岁以下	12.5	85.5
20—29 岁	49.3	90
30—39 岁	30.8	88.8
40—49 岁	27.9	82.3
50—59 岁	10	88.9
60 岁以上	0	46.7

数据来源：中国信息通信研究院。

预测，物联网的应用有助于推动生产率提高25%以上。

数字孪生（Digital Twin）是指在互联网和物联网的融合发展极大扩充物理空间与网络空间映射的背景下，充分利用物理模型、传感器更新、运行历史等数据，模拟对象在现实环境中的行为，对产品、制造过程进行虚拟仿真，并完成映射，从而反映模拟对象的全生命周期过程。作为连接物理世界和数字世界的桥梁，通过对承载物理空间规律的数据进行分析建模，并反馈给物理空间，数字孪生极大提升了物理空间的运行效率。创新是持续试错的过程，数字孪生则通向零成本试错之路，极大提升了创新的动力和效率。基于数字孪生的城市理念已成为近年来新型智慧城市建设的重点方向，相关的多技术集成创新需求更加旺盛，涉及虚拟现实、新型测绘、深度学习、地理信息、模拟仿真、语义建模、智能控制、协同计算等多技术门类，并对边缘计算、物联网、人工智能等技术赋予新的内涵和应用场景。数字孪生城市的建设和运行，将重塑现有城市治理结构和治理规则，在城市规划仿真、交通信号仿真、城市建设管理等领域带来新的发展动力和潜力。此外，与数字孪生比较，元宇宙（Metaverse）的概念更为庞大、复杂，它预示着人类以数字身份参与数字世界的无限可能和美好愿景。可以判断，元宇宙这一整合多种新技术而产生的新型虚实结合的技术—社会体系，通过提供沉浸式体验，加深思维的具象化，对数字经济的未来发展方向乃至整个人类的生产生活都将产生深远影响。[14]

云计算：区块链和人工智能发展的技术保障

算法作为解决一系列问题的清晰指令，是对物理世界运行规则的逻辑化、数字化处理，是数字经济体系的中枢。算法的高速实现是技术专家的恒久追求（武玉华、周玉坤、李艳俊、高献伟，2006）[15]，算法正不断得到优化。算法和基于算法所形成的产品，提升了数据的反馈性、预测性和有效性。数字经济的发展韧性和强度得益于连接的密度和计算的精度。"数据+算力+算法"构成了数字经济的技术架构体系，主要包括5G技术、互联网、大数据、云计算、边缘计算、移动计算等。这些数字基础设施是多种技术的组合和重构，其中，大数据和云计算技术提高了数据的自主分析能力，促进了物联网产业的深度发展；物联网的不断发展则促进了大数据和云计算的广泛应用。彼此间的融合发展促进了万物互联、人机智联，提高了各产业的数字化、网络化、智能化水平，催生了沉浸式交互模式等全新的应用场景和商业模式。可以说，人、机、物的互联、共融成为网络架构的基本形态。在实践中，面对2022年央视春晚红包互动691亿次点击量带来的激增的服务器处理数据压力，京东云依托云原生数字基础设施和混合多云操作系统云舰，控制超大量计算资源极限变阵，实现4小时内完成资源的16次秒级精准腾挪，秒级调度近300万个容器、超1000万核算力资源，以超高弹性成功登顶云计算领域的"珠穆朗玛峰"，展现了新基建的中国速度。京东云作为更懂产业的"云"，正深耕社会化数智供应链，做到供给端与需求端的精准和高效匹配。

信息技术颠覆性强，迭代周期短，扩散速度快，技术红利大。根据摩尔定律，在维持最低成本的前提下，以18—24个月为一个跨度，集成电路的集成度和性能将提升一倍。信息技术产品的价格将随着技术进步加快而快速下降，这诠释了信息技术产业高速增长的动力源泉。数字经济领域的技术创新具有交叉融合的特点，不易被复制。在数字经济背景下，技术演进结合模式创新，深化劳动分工，推动资源整合，不但缩短了商业周期，而且催生了新业态。技术创新力度决定着数字经济的韧性和速度。

人工智能、自动驾驶等新兴领域对云计算提出了急迫需求。应用创新对算法和计算需求的增速远超摩尔定律，应用创新产生的多样化需求成为云计算发展的重要推动力。通过集合和协调众多计算资源，云计算不受时间和空间限制进行分布式计算后，自动、快速、安全地返回计算结果，具有按需服务、资源共享、弹性架构等特点，是大数据提升预测精准性的算法基础。云计算作为传统行业数字化转型的重要支撑，是企业数字化转型的核心基础设施，正逐步向金融[16]、交通、制造、医疗健康等传统行业渗透，可有效解决计算资源利用低效、数据规模激增等问题。云计算还有望打破企业间数据与程序的隔离状态。大数据基础设施向云上迁移的云化趋势，降低了大数据技术的学习成本和使用门槛。云计算产业发展强劲，各类生产和市场资源利用云平台得以整合，产业链上下游得到高效对接与协同创新，彰显了规模效应的最大化，使企业数字化转型的门槛由此大幅降低。云计算还是实现行政效率提高和治理集约化的重要技术工具，我国的政务云由此发展迅速。部分地方加快搭建商务云平台、开发云平台和政务云平台等服务平台，强化信息基础设施建设，加快研究和推进云计算产业，提供存储、计算等云服务资源。

与此同时，量子计算和类脑计算方面的进展关乎国家技术、经济和战略安全，为基础科研、经济发展和国家安全等带来重大机遇。量子计算云平台作为提供量子计算服务的云计算平台，正推动量子计算的产业化，将对现有计算技术产生颠覆性影响。类脑计算彻底变革冯·诺依曼体系架构[17]中计算存储和通信之间的逻辑关系，成为中长期计算技术创新的重要方向。边缘计算将云计算技术创新性应用到边缘基础设施上，帮助用户将计算、转发、智能数据分析等业务下沉至边缘，减轻了云端数据处理压力，降低了响应时延。

第二节 产品引领：数字经济快速提升产品供给效率

借助颠覆性创新技术，数字经济催生新产品、新服务和新业态，发挥平台经济、分享经济、开源经济和零工经济等新模式的优势，从而实现资源的优化配置。

共生的数字经济边际成本递减与边际效用递增

边际成本递增和边际效用递减规律作为理论假设和前提，普遍存在于传统经济理论中。一般来说，产品生产所需的固定要素和可变要素之间，存在一个最优投入比例。物质产品生产主要依赖固定资本。固定资本受资本边际效用递减规律约束，其价值创造能力受到制约，边际成本一开始逐渐下降，但达到一定规模后，则开始出现规模不经济，边际成本开始上升。当可变要素投入超过特定临界点时，边际效用则表现为递减趋势。

数字经济呈现边际成本递增转向递减与边际效用递减转向递增共生的规律。与传统经济的边际成本无法趋近于零相比，数字技术的虚拟性、可复制和非竞争性，决定了数字经济的边际成本递减，并趋向于零。研发成本、专用设备等固定成本作为沉淀成本，其可变成本接近于零；数字经济下的技术通常表现为知识产品，一旦技术研发成功，每多生产一单位，知识产品的边际成本就更接近于零。可见，对数字经济情境中的很多企业来说，存储、运输和复制数据及相关产品和服务的边际成本几乎为零，这不但降低了库存成本，而且促进了生产要素的多维度协作。

同时，随着消费数量的增加，额外增加一单位产品或服务的收益是递增的。数据资源可重复使用且越用越多，而非越用越少。在数字经济中，数字经济的非竞争性和零边际成本通过吸引新的市场参与者，降低了创新成本，带来了"创造性破坏"，增强了社会流动性，也一定程度上控制了贫富差距的拉大和老龄化引起的社会创新动力下降。无形资本的非竞争性和边际效用递增属性增强了价值创造能力，大规模的无形资本投入正驱动数字经济快速发展。无形资本投入不断增加的现实正在颠覆传统经济增长理论。

供给效率提升：数字经济中的规模经济和范围经济

从需求侧看，规模经济是指当更多人消费某一特定商品或服务时，某一消费者额外消费该商品或服务会获得更高的价值。需求方规模经济也称网络效应，分为直接网络效应和间接网络效应。在数字经济中，供给侧的规模经济推动生产者成本下降，需求方规模经济则推动消费者价值递增，带动生产者剩余和消费者剩余均有所增进，由此提升了社会总福利水平。长期以来，理论界和实务界均致力研究如何降低成本、提升效率，然而，企业长期平均成本先下降后上升的状况制约企业生产规模的扩张。数字经济比传统经济的规模效应更明显，规模经济的潜力更大，倍增和加速效果更加明显。[18]数据要素的规模越大，效用就越大，具有极大的规模经济效应。生产者主要通过扩大网络用户规模实现收益最大化，通过规模经济获得生产率、成本和价格加成优势，随着跨境电商的迅速发展，数字贸易发展正加快重塑全球贸易形态，规模经济的作用有了更大发挥空间。

传统意义上，范围经济建立在不同产品在生产、销售等方面的相关性基础上，产品相关程度决定了范围经济的实现程度。数字经济颠覆了原有数量、成本和价格间的逻辑关系，获取了自身产品和服务之外的伴生利润。消费者需求的个性化、碎片化、实时化和场景化,提升了产品和服务本身的复杂性,进而增加了供应体系的复杂性。根据梅特卡夫法则[19],网络价值以用户数量的平方的速度增长,网络价值等于网络节点数的平方。对特定的互联网平台来说,平台上的用户越多,对每个用户而言平台就越有价值。被吸引的用户数量的增加,正是多边平台的价值所在。消费者的意愿被充分地表达和聚合后,有利于其广泛参与和深刻影响生产体系。此时,对生产者来说,精准、实时、低成本地顺应和响应消费者的意愿和需求,由大规模生产向大规模定制转变,成为提升核心竞争力的关键。这也将给以标准化、大规模、低成本生产为特点的传统生产模式带来冲击。

在数字经济中,范围经济发挥作用的条件由产品的相关性转向基于消费者数量的规模经济。网络协作性供给和模块化生产是数字经济的典型特征。在满足消费者异质产品需求的过程中,网络协同效应和范围经济效应同时发挥作用,两方面相互促进、不断扩张,共同驱动数字资本积累和数字经济发展。

消费需求的新推力:
消费者的数字化、多元化、个性化需求

在传统经济中,生产者居于主导地位;消费者从已有商

品中进行选择，相对生产者来说，处于被动和从属地位。数字经济的发展改变了消费者与生产者间的不对等关系，消费者拥有了更多的话语权，其影响力和作用变得更重要，逐渐成为需求提出者、生产参与者和产品推广者。尤其对电子商务行业来说，其商业实质正从纯粹的交易形式转变为由消费者参与的生产方式，参与型消费者经由平台企业获取了更多的权力。在数字经济下，消费者的异质性需求部分转化为协同生产需求。传统的标准化、大规模生产所提供的产品和服务无法满足消费需求，消费者不愿意再做被动的最终购买者，而是有动力借助数字化平台，成为产品和服务的创造者、设计者。数字经济重视降低生产和交易成本、提高资源配置效率，这与传统的农业经济和工业经济有共同之处。不同的是，数字经济不但擅长预知和发掘潜在需求，而且能为消费者创造新需求，甚至为其提供定制化的产品和服务。扫码点餐、数字支付、健康码登记等产品和服务即为典型的创新应用。维基百科的产生即源自消费者的协同生产需求和协同创造能力。任何人都可以在维基百科网站上编辑、删除或者创建内容，由此才有了维基百科的活力和声誉。

生产者基于互联网和大数据驱动的管理模式，正在显现出强大的竞争力。根据消费者的特定需求提供产品和服务，生产者推动自身加快组织变革和技术创新，以更短的生产周期和更低的存货水平提供多样化的产品和服务。企业借助数据爬取、挖掘等技术，通过对海量数据的技术处理，可以无限接近消费者真实的异质性需求，发掘和预测其潜在需求。生产者利用二维码这一新型介质载体和重要技术手段，实现物品标识追溯、移动网络入口和网络空间安全管控，通过分析所产生的商品生产、流通和销售数据，指导自身优化生产、库存和调货等生产运营环节，实现数字化管理的转型升级。生产者为了识别、获取和分析消费者的需求和偏好，打破传统的科层结构，不断优化组织和运营结构，推动数据嵌入业务全链条和各环节，确保快速补货、小量生产等指令能够及时、准确地下达给生产部门，并对生产流程各环节进行实时和智能监控，从而在最短的时间内响应消费者的诉求，将最适合消费者的产品和服务呈现在他们面前。在现实生活中，以网络意见领袖为代表的消费者通过视频直播等技术手段，事实上已经提前介入生产过程，其提出的消费需求受到生产者回应，并很快得到一定程度的实现和满足。这一过程不仅产生了大量个性化产品和服务，也缩短了产品生产周期，降低了生产成本。

数字经济中的平台企业，同时引导、协调生产者和消费者创造价值。在线互动带动消费者的感受、需求、经验、建议和行为实现数据化，为企业积聚数据资产提供了来源；在线互动也为消费者参与企业产品研发、生产制造、营销服务等环节的创新，提供了便利条件，形成了供需双方协同创新的良性互动格局。

初美（山东）软件技术有限公司的发展历程可以印证这些观点。该公司认识到社区电商渠道的低成本、高客流、高利润特征，较早抓住社区团购发展的窗口期，开拓了"朵嘉浓"和"卢克"等美妆系列产品的线上线下相结合的销售模式。一方面，借助初美优选系统完成平台产品的推广和销售；另一方面，注重从用户的反馈中优化产品生产工艺，提升产品质量。该公司还探索了共享共赢的社区电商模式，以最短的路径、最低的能耗、最优的价格，让新鲜、安全、有效的产品从生产者直达消费者。

这种顺应数字经济发展趋势、实现生产者和消费者融合多赢的案例还有很多。可以认为，数字经济在一定程度上解决了传统经济中消费者异质性需求和生产者规模经济间的矛盾。

产品质量的稳定提升：数字化生产和智能化制造

物理工厂和数字化的虚拟工厂无缝对接，对产品、制造过程进行虚拟仿真后，在虚拟空间中完成映射。数字孪生技术有利于及时发现制造过程中的问题，并对问题进行预判、纠偏，不但降低了产品损毁率，而且提升了生产制造的工艺流程，提高了制造企业的运行效率和产品质量，深化了分工协作水平。在这一过程中，数字技术驱动企业科层制向扁平化演进，缩减生产服务周期，孕育形成按需设计、制造和配送的组织管理体系，实现供需精准匹配，并由此产生海量数据。其中，更多数据、更合理的算法，成为生产者的巨大竞争优势。

数字经济还分别为处于成熟期、饱和期、衰退期的产品和服务提供增值服务，延长其生命周期，增强用户黏性，实现研发、制造、销售和服务的全流程、全生命周期的数据互联和记录。商家通过直播、短视频等各种新技术手段对产品进行多元化销售。在实现销售模式变革的同时，持续创新供应链体系，推动实现供应链的数字化，将消费和生产完美结合。大数据、物联网等信息技术保障农产品质量安全追溯，形成了用数据管理和决策的机制，精准化农业监管广泛普及。[20]比如，通过打通新西兰牧场的采奶、出口商和分销商的销售、物流等环节，消费者可以喝上原产于新西兰的3天以内的鲜奶。人工智能、区块链等技术与金融服务紧密结合形成的互动融合模式，推动了金融产品、流程和商业模式的创新，丰富了金融生态，使得投资决策更加智能，风险管控能力显著提升，金融产品定价更趋合理；不但提高了金融服务效率

（支付宝和微信提高了商贸流通市场的效率，也提高了消费者的数字化素养），而且拓宽了普惠金融的覆盖面。[21]当前，依托大数据分析技术运行的程序化交易模型，已经替代了股票交易员的大部分工作。程序化交易模型对市场交易数据进行整合和分析后，再结合人工智能深度学习技术，摸索出了新的股市波动规律，形成了更丰富的交易策略和更精准的投资决策。基于大数据和人工智能的交易策略也许缺乏逻辑性，但往往比人工操作更有效率，更能获取超额回报。有的对冲基金甚至将80%的股票交易决策和执行交由程序化交易模型来完成。基于人口迁徙和消费数据、客货车流数据、手机信令数据等建立的大数据分析模型，还为新冠肺炎疫情防控监测分析提供了参考。

第三节 市场提升：数字经济发展的显著市场优势

我国数字经济发展拥有市场规模优势和弯道超车优势，具有巨大的增长潜力和回旋余地，支撑数字经济发展的生产要素条件更加完善。借助数字化、智能化和网络化的技术方式、方法，数字经济能够连接生产者和消费者。大数据和平台帮助供求双方实现了点对点的沟通，降低了交易成本，增进了信息公开，提高了资源配置效率和数字经济的运行效率。

数字经济市场的开放性、透明性和虚拟性

市场是买卖双方进行交易的场所。传统经济中的生产者在市场上，通过向消费者让渡商品的使用价值，来获取商品的价值。传统经济理论认为，在价格、供求和竞争机制的作用下，市场这只"看不见的手"引导资源流向最有效率的地方。然而，生产者和消费者搜集、整合、分类、加工和处理

信息的能力相对有限。由于交易双方在时间、空间上的信息不对称，生产者无法及时掌握消费者偏好变化，只能根据自身掌握的有限信息进行"理性决策"，导致无效供给，造成资源错配和浪费。同时，由于生产者一般处于相对垄断地位，消费者剩余会向生产者一方转移。数字经济时代，生产者向消费者提供数字信息产品时，可以不让渡数字信息产品的使用价值。互联网技术提供了更加透明、开放的市场氛围，进入壁垒降低，参与机会更加均等和便捷。由于数字经济中的物理空间和网络空间的映射关系相对稳定，生产者和消费者双方可以打破时空限制进行交换。这些都为数字经济发展提供了市场优势。

技术因素对市场机制广度和深度的拓展

在资源配置领域，数字化、智能化和网络化的技术方式方法有助于解决产量和价格问题，因而部分取代了以价格为代表的市场机制功能。在数字经济下，生产者的信息获取能力不断提升，其选择偏好、效用期望等被"算法"引导和塑造。趋同化偏好会改变生产者的认知形成过程，生产者不但能够预知和发掘潜在需求，放大需求侧的规模效应，而且能为消费者创造新需求，甚至为其提供定制化的产品和服务，

（小批量、低库存、更贴近市场的生产不断增加）生产方式由传统的生产者单方生产，向生产者和消费者大规模协同生产转化。

互联网企业利用社交应用、移动支付、电子商务等创新业务，在服务消费者的过程中，获取消费者的海量相关数据。相关平台利用特定的数据分析技术，能够精准定位驱动消费增长的原因和渠道。实现一定的消费者积累后，能够通过数据测试和挖掘，分析消费者需求，推动产品快速迭代和优化，使之更加符合消费者的需要，从而不断提升消费者满意度，增加消费者黏性。开放共享的平台作为动态匹配数据的中介，为供求双方提供各种信息，通过连接双方的同时，增进双方信任，推动其良好互动，并发挥监督和协调作用，从而降低生产者的经营风险和交易成本，推动实现消费者剩余最大化和帕累托最优。比如，在直播带货、网约车等领域，大数据和平台帮助供求双方实现"点对点"直接沟通。互联网平台与公路货运物流结合起来，精准匹配货物和货车情况，有效缓解了车货不匹配的难题，降低了空载率，节省了燃油，减少了碳排放。总之，随着平台经济市场一体化程度的提高，交易费用进一步降低，跨国贸易障碍也得以有效消减。在全球化背景下，平台企业还发挥结构和网络嵌入、制度协调和连接、资本和知识互动等中介功能。

数字经济中稳定而广阔的市场需求

我国拥有统一而广阔的市场，有全球最大规模的中等收入群体，有全球最活跃的数字经济投资和创业生态系统。数字经济发展面临着非常重要的市场机遇，蕴含着广阔的发展空间。由于国内市场规模大，内部能够部分抵消东南西北的区别，交易成本能够不断降低，数字经济具有较强的韧性和耐性。强大国内市场是满足人民美好生活需要的必要条件，是稳定社会预期和提振市场信心的有力支撑。升级、调整、释放和扩大内需是我国发展的战略基点，有利于吸引跨国公司将价值链中的高端环节配置到国内市场，推动高端要素向代表产业高级化演进的部门聚集；有利于通过中间产品进口，补齐数字经济发展的产业"短板"，提升数字经济的竞争力。在信息技术的推动下，经济活动正由实体空间延伸至无形、虚拟、纵横交错的网络世界，传统物理空间的概念被打破，导致数字经济在虚拟和现实间转换和更替，经济联系呈现共享、互动、共生趋势。互联网应用的日益普及，加快了市场化、规模化的应用创新。我国已成为全球最大的网络零售、智能手机和移动支付市场，移动互联网摆脱了固定互联网的束缚，拓展了互联网的应用场景，庞大的用户群体加速了数字经济发展进程。当前，智能化、无人化的"无接触场景"正成为主流消费场景。这些都是我国数字经济发展的主要优势。

稳定而广阔的市场需求是数字经济产业发展的重要内生动力。技术领先并不必然导致产业领先。庞大的国内市场与技术创新一起,共同成为我国数字经济在全球迅速崛起的重要驱动因素。海量数据和庞大市场优势为特定技术的商业化提供适宜的市场环境,不但有利于扩大需求规模,更有利于提升创新效率,进而有利于摆脱全球价值链的低端锁定,在全球范围内获得产业发展的领先优势。信息、资本和物流共同决定着数字经济语境下市场的边界。借助互联网等信息技术,市场信息得以超越时间和空间限制,实现实时互动和精准匹配,进而增加交易发生的可能性。阿里巴巴电商平台、顺丰快递等模式顺应市场规律,激发了超大规模市场优势和内需潜力。上述模式均具有双边市场特征,一边面向生产者或者批发商,另一边面向消费者,两方面呈现协同演化、动态调整的特征。据国家统计局数据,2019年全国网上零售额突破1万亿元。(表1-6)2020年全国网络零售额117601亿元,同比增长10.9%。2021年前三季度,实物商品网上零售额同比增长15.2%,占社会消费品零售总额比重达23.6%。

当然,我们也要看到,数字经济的消费需求具有多元化、变化快的特点,数字经济的市场具有不稳定性,供给和需求都有可能发生跳跃、突变和跃迁，供给和需求很难维持均衡状态。

表 1-6 我国网上零售及实物商品网上零售额占比情况

年度	网上零售额（亿元）	实物商品占比（%）
2015	38773	10.8
2016	51556	12.6
2017	71751	15
2018	90065	18.4
2019	106324	20.7
2020（1—5月）	40176	24.3

数据来源：国家统计局。

第四节 4

产业兴起：数字经济涵盖的产业部门和领域不断扩大

传统产业经济学理论认为，厂商的生产决策受到产业上下游各分工主体的信息反馈约束，产业组织结构的整体空间分布则受地理空间约束。在数字经济中，厂商的行为方式和产业组织结构，均随着互联网、大数据和人工智能的深度融合而发生深刻变化，产业链由简单线性向复杂网状演化，产业组织形态向协同、共享、扁平和柔性转化，产业分工的边界相应更加模糊。受达维多定律[22]、摩尔定律[23]、梅特卡夫法则等的影响，新一代信息技术推动万物互联化、知识智能化、数据要素化和财富虚拟化。随着数据智能化和网络协同化的深入演化，数字经济中的产业组织正从垂直整合转向网络协同。数字经济与实体经济的融合重点，正从消费领域延伸至生产领域，数字消费和数字生产并行、共荣的格局正在显现。传统产业结构向中高端迈进，需要以数字经济作为驱动。随着数据成为全球经济发展和产业变革的动力源泉，生产要素的重组正推动产业结构深度变革,新的技术和生产体系也正在逐步建立。数字经济直接促进了现代产业体系的构建和发展,彻底改变了传统的产业格局和架构。

数字经济拓展了产业发展的空间和领域

2021年5月国家统计局公布的《数字经济及其核心产业统计分类(2021)》,将数字经济产业范围确定为:"01数字产品制造业、02数字产品服务业、03数字技术应用业、04数字要素驱动业、05数字化效率提升业等5个大类。"其中,"数字经济核心产业对应的01—04大类即数字产业化部分,主要包括计算机通信和其他电子设备制造业、电信广播电视和卫星传输服务、互联网和相关服务、软件和信息技术服务业等,是数字经济发展的基础;第05大类为产业数字化部分,指应用数字技术和数据资源为传统产业带来的产出增加和效率提升,是数字技术与实体经济的融合。"

数字经济核心产业具有渗透性强、生产率高等特点,是未来数字经济图景中的朝阳产业。近年来,软件和信息服务业持续保持高速增长势头。[24]包括底层芯片、基础软件、应用软件等在内的信息技术,对大数据核心产业给予全链条的技术支撑,推动后者成为信息产业中潜力巨大、发展迅速和最具活力的细分市场。大数据产业催生很多新产业、新模式。借助大数据产业的迅猛发展，相关产业能够提高关联度，促进产业融合，促进创新链、供应链、产业链和价值链融合共通。全球大数据产业规模持续增长，在人工智能、先进制造、自动驾驶、金融与商业服务、医疗与健康管理、科学研究等领域，以及社会保障、突发事件监测预警、信用评估、城市管理等方面，大数据产业发挥着越来越重要的作用。

信息化和数据化正在逐渐颠覆很多行业（表1-7），成为全球经济发展的新引擎。2015年7月，国务院印发的《关于积极推进"互联网+"行动的指导意见》，明确了"互联网+"的11个重点行动。[25]从数字化产业和产业数字化来看，数字化产

表1-7 中国大数据行业应用企业类型分布

行业	大数据行业应用企业占比（%）
金融	30
医疗健康	14
政务	13
互联网	8
教育	8
交通运输	6
电子商务	4
其他	17

数据来源：中国信息通信研究院。

业和产业数字化的规模基本保持在1∶4左右。电子商务、共享经济、金融科技等是前者的典型代表（2018年数字产业化规模为6.4万亿元，占GDP比重7.1%）；后者主要体现在信息技术经由数字化、网络化和智能化路径，创新推动制造业产业结构优化、制造业生产效率提升、全球制造业价值链重塑等方面（2018年产业数字化规模为24.9万亿元，占GDP比重27.6%）[26]。根据中国信息通信研究院测算，2020年至2025年，5G技术将带动我国数字经济增长15.2万亿元，其中，5G技术带动的信息产业增加值为3.3万亿元，带动其他产业增加值为11.9万亿元。产业数字化成为数字经济增长的主引擎，是全球数字经济发展的主导力量。一国的经济发展水平越高，其产业数字化占比就越高。在新冠肺炎疫情冲击下，与传统经济比较，数字经济展现出独特韧性和巨大潜力。信息技术从多维度发力，助力新冠肺炎疫情防控，不但支撑了信息服务、疫情防控、科研检测、物流管理、物资供应等工作有序开展，而且引发了新一轮数字化浪潮。信息技术丰富了数字经济的生态圈，而且有效防止了企业倒闭和居民失业，有力支撑了复工复产和经济复苏。[27]信息技术为战"疫"提供了通信保障，健康码提高了信息摸排的工作成效，视频会议为居家办公、在线招商签约、线上问诊、直播教学等提供了基础设施的便利条件，人工智能加速了新药和疫苗研发，这些措施不仅助力疫情防控，也进一步加速和深化了数字经济的发展。数字经济成为战"疫"成功的强大后盾。数字化转型更早、更深的企业，受到的冲击相对缓和，在稳定市场、维持消费、保障就业、提振经济等方面，有更大的回旋余地和发展空间。

信息技术的行业应用不断深化。信息技术所承载的记忆、感知、分析、决策、学习等功能与生产过程结合起来，促进了各领域劳动生产率大幅提升。电子政务、在线教育[28]、网上外卖、跨境电商、互联网理财、共享单车、网络支付、网络文学、网络直播、网约车等新兴领域，在用户需求的巨大网络效应带动下，正在重构人们的思维方式和生活方式。当前，消费互联网增速持续放缓，工业互联网的潜力逐渐显现。随着互联网业务从生活消费领域向产业领域延伸，产业互联网和消费互联网融合，尤其是智能运营和个性化生产，正成为新的发展趋势。我国产业互联网有很大的发展潜力，市场空间极大，各行业对借助数字技术提高生产经营效率的需求越来越强烈。数字经济情境下培育的智能生产和智造模式、网络化协同制造模式、个性化定制模式、服务型制造模式等，随着信息技术的持续创新而动态发展，众包制、分包制、项目制、合伙制等进一步丰富和重塑了数字经济的形态。在城市发展过程中，物联网技术和云计算可以促进智能建筑和智慧城市的发展，为城市创造更加流畅的出行、工作和生活体验。在农业生产领域，通过对矿山设备和农业机械的无人驾驶，可以实现"无人矿山"和"无人农场"。采用无人生产方式从事冰冻地区的矿业生产和拖拉机的24小时耕种，可以增加采矿业和农业的产值，大幅提升人民的生活和物质财富水平。国家级的生猪大数据中心，利用物联网与大数据结合的全产业链溯源技术，保障食品安全可追溯、可监控、可追责，并掌握猪价波动的因素、实现疫病预测预警、调节生猪养殖对环境资源的压力。[29]新冠疫情倒逼传统产业加速数字化进程，促使传统企业对数字经济持更加开放的态度。通过物联网技术，疫苗运输、流程追溯以及安全接种等环节的短板问题正在得以解决，这进一步提高了疫苗接种的安全保障能力。

数字经济中的产业逆向渗透趋势

传统经济注重对物质产品的加工和生产，工业、农业和第三产业之间的界限明显，产业组织架构以产业链和产业集群为纽带，创新活动均在产业链的上下游间或产业集群内部开展，纵向一体化成为典型特征。数字经济的强融合、高渗透特性弱化了传统的产业边界。在数字经济条件下，创新活动的组织方式向网络化、协同化、生态化的组织方式转变，平台化、服务化和全球化成为产业组织的新方式。数字信息产业增加信息与知识要素在整个产业系统的流转速度，具有融合性和高渗透性，引领传统产业转型升级的步伐明显加快，传统的固定资产周期、生产周期和资本周期均被改变，产业体系和发展动能得以重构，实现传统产业的个性化定制、智能化生产、网络化协同和服务化制造，进而引领传统行业格局的全方位重塑。智能制造作为产业数字化的基石，进一步拓宽了现代产业体系的边界，推动产出效率和规模不断跃升。数字经济以物联网、云计算和大数据为技术手段，促进制造业产业链各个环节的高度融合，显著提升资源的利用效率，从而实现产业结构转型升级，推动其迈向更高的价值链区间。

随着新型基础设施的完善，数字化、网络化的供应链平台缩短了时空距离，实现了设计商、制造商、供应商、集成商等环节的有机联合，提升了供应链效率，节省了时间，降低了成本。2018年，服务业、工业、农业中数字经济占行业增加值的比重分别为35.9%、18.3%和7.3%[30]。与第一、第二产业的数字化进程比较，数字经济在第三产业的发展有更好的体现。第一产业进行数字化转型的壁垒较高，数字化转型进展缓慢，严重滞后于第二、第三产业；数字经济的快速发展为第二产业转型升级和提质增效提供了重要途径，但在多数国家，第二产业的数字经济发展速度都有待提升；数字经济在第三产业创新先行，提升了第三产业的可贸易程度，激发了各种新模式新业态、电子商务、网约车、网络教育、互联网金融、远程医疗、在线娱乐等得到蓬勃发展，提升了整个产业的劳动生产率，但由于"体量"小，当前对经济发展的支撑作用还没有完全显现。与第二产业比较，第三产业的交易费用高、固定资产占比低、技术密集度低，进行数字化转型的难度相对较小，更有利于从业者向数字化技能从业者切换。从第三产业内部看，现代服务业的数字化转型快于传统服务业，前者以金融和科技为代表，后者则以住宿和餐饮为主。

数字经济产业化的先行实践

美国国际商业机器公司IBM（International Business Machines Corporation，IBM）公司于2008年11月提出"智慧地球"概念，随后于2009年8月发布《智慧地球，赢在中国》，提出"智慧电力""智慧医疗""智慧城市""智慧交通""智慧供应链"和"智慧银行"六个板块。在我国，一些领域的先行企业正由"跟跑者"向"并跑者""领跑者"转变，电子商务、移动支付、共享单车、平台经济、无人驾驶、新能源汽车等新兴业态已经跻身世界前列。数字经济独角兽企业占全球的比重也正向美国接近，甚至引领全球的发展趋势，这些都为推动数字经济发展创造了有利条件。腾讯、富士康等工业互联网提供商日益重视提供高效运算云服务和超高速网络链接，争相发展网连网、物连物、云连云的信息基础设施，深化智能工厂、安全监控、物联网等智能应用。可以说，企业家、科学家、投资人三者共同决定了数字经济语境下企业的边界，数据资源、共享平台和跨界融合成为产业价值转移的独特诱因，而平台成为协调和配置资源的核心经济组织。

华为致力于连接一切未连接，重视通过人工智能让数字世界和物理世界浑然一体，激发潜能，孕育智慧，构建万物互联的智能世界。2017年，华为投入研发费用897亿元人民币，占收入的比例为14.9%。此后10年，华为每年均保持基于销售收入15%左右的持续研发投入。阿里巴巴、京东等电商平台利用自身强大数据资源和技术能力，通过连接上游供应商和下游消费者，成为市场交易活动的组织者和服务者。阿里巴巴发挥产业协同效应，重点打造支付宝、阿里云、菜鸟物流，推动支付、物流等成为支撑性产业。传统企业积极通过全面数字化构建数据驱动的智能生产运营体系。一汽大众的客户服务中心系统全面记录客户购买及使用产品和服务时的感受；以数据库营销为基础的数据处理平台关联供应商和经销商，构建了灵活的产销体系。海澜之家"平台+品牌"的轻资产商业模式能够动态掌握消费者多样、变化的需求，并通过数字供应链，支撑和优化其多元化的产品结构。

第五节 就业倍增：数字经济发挥就业"倍增器""稳定器"作用

科技和产业革命对就业结构进行了深刻调整和改变。工业革命中的机器替代人，主要替代人类的体力劳动；在数字经济时代，机器进一步替代人类的脑力劳动。人工智能等数字经济前沿技术推动机器学习方法取得了快速突破，很多非程式化的工作任务正逐渐被机器替代。数字经济作为新型经济形态，不但会增加就业总量，而且会升级就业结构。发展数字经济是优化就业结构、扩大就业规模的重要举措。数字经济有利于直接带动农村人口的就业。比如，坐落于浙江省杭州市的一扇门控股有限公司，常年专注于乡村振兴领域的电商综合运营服务，先后为40余个县（市、区）开展电商综合服务，累计开展电商实操培训4000多期，培训学员30多万人次，带动5000多名贫困人员脱贫致富，帮助县域销售价值20亿元的农产品。数字经济发展在保障城镇劳动力就业的同时，也为农村富余劳动力转移就业创造了空间。

传统产业的数字化转型，成为吸纳就业的重要渠道。近年来，在面临经济下行压力的情况下，我国就业率不降反增。2018年，我国数字经济领域就业人数达到1.91亿人，占当年总就业人数的24.6%。其中，阿里巴巴中国零售平台创造了4082万个就业机会，同比增长10.89%。当前，虽有疫情的负面影响，但数字经济吸纳就业的能力显著增强，就业规模加速增长；众包、众创等数字经济新模式推动新就业形态不断涌现，自由职业、灵活就业和创新就业的特点突出。[31]比如，依托数字经济的灵活就业，越来越成为劳动者的自主和自愿选择。灵活就业的规模有所增长，范围有所扩张，质量也有所提升。零工经济、外包经济、共享经济等领域的市场主体，利用信息技术和互联网平台精准匹配供需两方，为自由职业者尤其是年轻人提供了灵活的就业方式，深刻改变了传统就业模式。

数据作为生产要素，参与收入分配，影响利益调整。数字经济增进劳资双方的共同利益，使得资本利润和劳动者工资都有所提高，进而缓和了劳资冲突。传统理论认为，从制造业转向服务业，劳动者报酬是降低的。在美国，数字经济是资本偏向型的，虽然行业集中度和资本回报率均有所上升，但劳动报酬占GDP的比例下降了。在这种情况下，分配有利于资本，却不利于劳动。数字经济在中国的发展，对这一趋势提出了挑战。在中国，互联网的使用有助于提升中低收入人群的收入。依托互联网企业和平台企业搭建的共享用工平台、灵活就业保障平台，推动企业开放分享资源，为创客、小微企业主提供了企业内的创业机会，也开辟了劳动者赚取工资外收入的机会。数字经济尤其为落后地区的低收入人群创造了参与经济活动、共享发展成果的机会。电子商务吸纳的就业增加，带动就业岗位质量优化，阻滞了结构性失业的发生。数字技术使得同一劳动者增加了服务客户的规模和水平，使其相应收入水平往往高于传统制造业从业者的收入（送餐员和司机的平均月度工资超过5000元）。这主要得益于超大的人口规模成为数字经济时代的新红利。由于我们的城市数量多，人口密度大、网络效应大、劳动力成本低，数字技术和劳动力的结合，能够提升经济活力和效率。可以认为，中国的数字经济是劳动互补型而非劳动替代型的，这与美国的情况对比明显。

第六节 政策优化：促进数字经济发展的政策环境日渐形成

当前，数字经济治理的协同机制和手段建设逐步完善，部门协同、政企联动的治理模式进一步规范，参与主体各方的责任和义务初步明确，自治意识与能力显著提高，创新和竞争环境较为宽松，信用体系业已建立，这些向好因素都有利于数字经济发展的政策环境初步形成。

数字经济的顶层设计

党的十九大报告提出，推动互联网、大数据、人工智能和实体经济深度融合。2016年4月，习近平总书记在网络安全和信息化工作座谈会上指出，分级分类推进新型智慧城市建设，打通信息壁垒，构建全国信息资源共享体系。2016年10月，中央政治局围绕网络强国战略的实施进行集体学习，提出要加快数字经济对经济发展的推动作用。2017年12月，中央政治局围绕国家大数据战略的实施进行第二次集体学习，习近平总书记强调，要实施国家大数据战略，加快建设数字中国；同月，习近平总书记在致第四届世界互联网大会的贺信中指出，中国数字经济发展将进入快车道。2019年10月，习近平总书记在中央政治局第十八次集体学习时强调，提高运用和管理区块链技术能力，使区块链技术在建设网络强国、发展数字经济、助力经济社会发展等方面发挥更大作用。2020年4月，习近平总书记在浙江考察时再次强调，要抓住产业数字化、数字产业化赋予的机遇。2020年10月，党的十九届五中全会指出，坚定不移建设数字中国，加快数字化发展。[32] 经党中央建议出台的《中华人民共和国国民经济和社会发展第十四个五年规划和2035年远景目标纲要》在第五篇全篇中，对数字经济发展提出了一系列激励和约束举措。[33]

数字经济激励制度的相关政策

围绕信息化和数字经济发展，近年我国密集出台系列政策文件，构建了涵盖具体措施的支持体系，形成推动数字经济发展的强大动力和合力。按照包容审慎的治理原则，政府主导，平台、消费者等主体共同参与的多元协同治理体系日臻成熟完善。

1. 产权制度。2018年，为挖掘好大数据这座富矿，国务院办公厅印发《科学数据管理办法》，加强科学数据全生命周期管理，加大科学数据共享力度，激发科学研究原始创新活力。2019年，党的十九届四中全会将完善科技创新体制机制作为坚持和完善基本经济制度的重要举措。2020年，中共中央、国务院发布《关于构建更加完善的要素市场化配置体制机制的意见》，提出了推进政府数据开放共享、提升社会数据资源价值、加强数据资源整合和安全保护等加快培育数据要素市场的创新举措，适应了新时代对数字经济产权领域的新要求。

2. 规划制度。2014年3月，中共中央、国务院印发《国家新型城镇化规划（2014—2020年）》，提出统筹利用物质、信息和智力等资源，使用物联网等新一代信息技术推动智慧城市发展。2016年，习近平同志在全国科技创新大会、两院院士大会、中国科协第九次全国代表大会（科技三会）上，发出向世界科技强国进军的号召。2017年，党的十九大明确建设世界科技强国"三步走"战略。2018年，按照中央财经委员会第二次会议决策部署，有关方面抓紧研究制定国家中长期科技发展规划的准备工作。在《国家信息化发展战略纲要》[34]《"十四五"国家信息化规划》《促进大数据发展行动纲要》[35]等政策文件中，确定了数字中国建设的时间表和路线图，目标任务、实现路径逐渐清晰。为应对新形势、新挑战，把握数字化发展新机遇，拓展经济发展新空间，推动我国数字经济健康发展，2021年12月，国务院印发《"十四五"数字经济发展规划》，提出"到2025年，数字经济迈向全面扩展期，数字经济核心产业增加值占GDP比重达到10%，数字化创新引领发展能力大幅提升，智能化水平明显增强，数字技术与实体经济融合取得显著成效，数字经济治理体系更加完善，我国数字经济竞争力和影响力稳步提升"。

3. 创新制度。2012年，中国共产党第十八次全国代表大会提出实施创新驱动发展战略。2015年，党的十八届五中全会将创新发展理念放在新发展理念的首位。为加快数字产业化和产业数字化，2020年4月，国家发展改革委（中华人民共和国国家发展和改革委员会）、中央网络安全和信息化委员会办公室联合印发《关于推进"上云用数赋智"行动培育新经济发展实施方案》，推动数据赋能全产业链协同转型。主要措施包括：共同搭建联合推进机制，以带动中小微企业数字化转型为重点，支持数字化供应链平台、企业数字化平台等建设，激发企业数字化转型内生动力，推动在线医疗、在线教育等新业态领域开展政策试点。2020年2月，上海市发布《关于进一步加快智慧城市建设的若干意见》，提出将上海建设成为全球新型智慧城市的排头兵和国际数字经济网络的重要枢纽；在智慧政府建设中支持V2X智能网联[36]、区块链数据溯源等新技术率先规模化落地。2020年10月，《深圳建设中国特色社会主义先行示范区综合改革试点实施方案（2020—2025年）》提出，在中国人民银行数字货币研究所深圳下属机构的基础上成立金融科技创新平台，支持开展数字人民币内部封闭测试，推动数字人民币的研发应用和国际合作。

4. 开放制度。2020年9月，北京市发布《北京市促进数字经济创新发展行动纲要（2020—2022年）》《北京市关于打造数字贸易试验区的实施方案》《北京国际大数据交易所设立工作实施方案》，全力推动数字贸易试验区、大数据交易所和数据跨境流动监管等。其中，中关村软件园国家数字服务出口基地、朝阳金盏国际合作服务区、自贸区大兴机场片区三位一体的数字经济和数字贸易开放格局，连同国际大数据交易所、数据跨境流动试点，成为建设以科技创新、服务业开放、数字经济为主要特征的自由贸易试验区的重要创新举措。

此外，有的数字经济制度举措同时涉及产权、规划、创新和开放等方面，无法单独归入任何一类。2014年8月，国家发展改革委等部门共同印发《关于促进智慧城市健康发展的指导意见》，提出以推行电子政务、建设新型智慧城市等为抓手，推进技术融合、业务融合、数据融合。2015年7月，为加快推动互联网与创新创业、协同制造、现代农业、智慧能源、普惠金融、益民服务、高效物流、电子商务、便捷交通、绿色生态、人工智能等领域深入融合和创新发展，国务院印发《关于积极推进"互联网+"行动的指导意见》。2015年8月，为解决政府数据开放共享不足、产业基础薄弱、缺乏顶层设计和统筹规划、法律法规建设滞后、创新应用领域不广等问题，为全面推进我国大数据发展和应用，加快建设数据强国，国务院印发《促进大数据发展行动纲要》。2016年4月，为进一步推动流通转型升级和创新发展，国务院办公厅印发《关于深入实施"互联网+流通"行动计划的意见》。2016年6月，为顺应新兴信息技术发展趋势，规范和推动健康医疗大数据融合共享、开放应用，国务院办公厅印发《关于促进和规范健康医疗大数据应用发展的指导意见》。2017年11月，国务院印发《关于深化"互联网+先进制造业"发展工业互联网的指导意见》，着眼全球工业互联网发展共性需求和我国亟须弥补的主要短板，聚焦绿色制造和智能制造，将网络、平台、安全以及融合应用推广作为重点工作推进。2018年9月，国家发展改革委、教育部、科技部、工业和信息化部等19部门联合印发《关于发展数字经济稳定并扩大就业的指导意见》提出，加快形成适应数字经济发展的就业政策体系。上述文件从加快培育数字经济新兴就业机会、持续提升劳动者数字技能、大力推进就业创业服务数字化转型、不断完善政策法律体系等方面，提出多项具体政策措施。中国人民银行印发《金融科技发展规划（2022—2025年）》，"提出新时期金融科技发展指导意见，明确金融数字化转型的总体思路、发展目标、重点任务和实施保障"。强调"健全适应数字经济发展的现代金融体系，为构建新发展格局、实现共同富裕贡献金融力量"。

数字经济约束制度的相关政策

我国已经出台的数字经济约束制度的相关政策，主要涉及公平竞争和安全保障两个方面。

竞争政策的重要性已成为共识。（李青，2017）[37]2019年1月1日，电商领域首部综合性法律《中华人民共和国电子商务法》[38]正式实施，提出鼓励电子商务数据开发应用、保护电子商务数据、保障电子商务数据依法有序自由流动等。2021年3月，习近平总书记主持召开中央财经委员会第九次会议，在研究促进平台经济健康发展等问题的基本思路和主要举措时，针对"一些平台企业发展不规范、存在风险，平台经济发展不充分、存在短板，监管体制不适应的问题也较为突出"等问题，强调"从构筑国家竞争新优势的战略高度出发，坚持发展和规范并重，把握平台经济发展规律，建立健全平台经济治理体系，明确规则，划清底线，加强监管，规范秩序，更好地统筹发展和安全、国内和国际，促进公平竞争，反对垄断，防止资本无序扩张。要加强规范和监管，维护公众利益和社会稳定，形成治理合力"。2021年2月，为促进平台经济规范健康持续发展，预防和制止互联网平台经济领域垄断行为，国务院反垄断委员会制定发布《国务院反垄断委员会关于平台经济领域的反垄断指南》，强调对各类市场主体一视同仁、公平公正对待。2021年3月，国家市场监督管理总局制定出台《网络交易监督管理办法》，细化完善了《电子商务法》相关法律规定，在规范交易行为、压实平台主体责任、保障消费权益等领域，制定了一系列具体制度规范。比如，明确了"零星小额"和"便民劳务"两类免于网络经营主体登记的情形；界定了社交电商、"直播带货"等网络交易新业态中网络服务提供者等各参与方的责任义务；压实了网络交易平台经营者的主体责任；详细规定了网络消费者个人信息的收集使用规则；对虚构交易、误导性展示评价、虚构流量数据等新型不正当竞争行为进行了明确规制。

基本法律、司法解释、部门规章、行政法规等对数据安全、个人隐私保护[39]做出严格规定。《数据安全法》将为数据利用提供可靠环境。2020年7月,《数据安全法(草案)》经全国人大常委会审议并公开征求意见。该草案在鼓励数据依法合理有效利用、保障数据依法有序自由流动的同时,确定了国家数据安全监管和执法范围。该法于2021年6月经第十三届全国人民代表大会常务委员会第二十九次会议正式通过,提出坚持总体国家安全观,建立健全数据安全治理体系,提高数据安全保障能力,标志着我国在数据安全立法领域的重大突破。2019年8月,《国务院办公厅关于促进平台经济规范健康发展的指导意见》提出,要优化完善市场准入条件,实行包容审慎监管,加快培育新的增长点,夯实新业态成长基础,强化平台经济发展法治保障。我国工业信息安全政策体系框架基本形成,政策内容涵盖工业信息安全防护、评估、应急相关领域,[40]并涉及多项工业信息安全领域相关标准。[41]2021年11月,国家互联网信息办公室审议通过的《互联网信息服务算法推荐管理规定》(自2022年3月1日起施行)明确要求,"提供算法推荐服务,应当遵守法律法规,尊重社会公德和伦理,遵守商业道德和职业道德,遵循公正公平、公开透明、科学合理和诚实信用的原则"。

为充分运用大数据先进理念、技术和资源,加强对市场主体的服务和监管,推进简政放权和政府职能转变,提高政府治理能力，国务院办公厅印发《关于运用大数据加强对市场主体服务和监管的若干意见》。数字乡村是建设数字中国的重要内容。2019年5月，中共中央、国务院印发《数字乡村发展战略纲要》，引导城市网络、信息、技术和人才等资源向乡村流动，提出到2035年，数字乡村建设取得长足进展，城乡"数字鸿沟"大幅缩小。

第二章

经济基础与上层建筑：
数字经济制度体系的理论基础

数字经济以数据资源为要素，以数字驱动为特征，不但扩展要素供给体系，而且带动生产方式变革，深刻影响社会分工协作的组织模式，有效解决资源稀缺、空间受限、效率低下等问题，深刻改变着数字经济制度体系的基本范畴和基本理论。

第一节　理论基础

马克思社会基本矛盾运动原理，对数字经济领域的研究具有指导作用。同时，新制度经济学的制度变迁理论等，也对数字经济制度体系构建的研究有解释力。

马克思主义政治经济学视角：社会基本矛盾运动原理

经济制度是生产关系的总和，由社会生产力发展的状况决定，并决定政治制度和社会意识形态。数字经济制度是由数字经济生产力的发展状况决定的、在社会中占主要地位的生产关系的总和。作为以强制力作为保证的正式制度，数字经济制度构建了数字经济系统的基本框架。

矛盾运动是推动社会历史前进的根本动力。"没有矛盾就没有世界"[1]。基本矛盾贯穿事物发展的全过程，规定着事物发展的基本性质和基本方向。马克思洞察了人类社会的基本矛盾是生产力与生产关系、经济基础和上层建筑之间的矛盾。"社会的物质生产力发展到一定阶段，便同它们一直在其中运动的现存生产关系或财产关系发生矛盾……随着经济基础的变更，全部庞大的上层建筑也或慢或快地发生变革。"[2]习近平总书记在纪念马克思诞辰200周年大会上的讲话强调："我们要勇于全面深化改革，自觉通过调整生产关系激发社会生产力发展活力，自觉通过完善上层建筑适应经济基础发展要求，让中国特色社会主义更加符合规律地向前发展。"

生产力体现人和自然的关系，是推动社会进步最活跃、最革命的要素，生产关系体现人和人的关系，两者互相作用和制约。生产力决定生产关系，生产关系反作用于生产力。生产力发展到一定阶段，之前与其适应的生产关系可能不再适应生产力的发展，从而被更适应生产力发展的新的生产关系取代。生产关系要适应并促进生产力的发展。生产关系的总和构成经济基础，上层建筑由经济基础决定并反作用于经济基础。当生产关系发生变化时，作为生产关系总和的经济基础也会要求上层的政治、法律制度和意识形态作相应的变化，以巩固和完善经济基础，促进生产力发展。"事实一再告诉我们，马克思、恩格斯关于资本主义社会基本矛盾的分析没有过时"[4]。马克思揭示的社会基本矛盾运动原理没有过时，它依然决定着社会发展的总体进程和基本趋势,但其表现形式已有了新变化和新特征。生产力、生产关系(经济基础)、上层建筑相互作用及相互制约的矛盾关系,也影响、适应和指导数字经济的运行领域。数字化的知识和信息作为生产要素,与资本、劳动一起,共同推动数字经济生产力的发展,不但解放和发展生产力,而且推动生产关系和经济基础的重构,推动数字经济制度等上层建筑发生变革,促进数字经济制度体系智能化、全域化、多元化和精细化水平的提升,推动数字生产力的发展。

技术是建立秩序的重要方式。通信和电报的发明,带动了"每一单个人可以获知其他一切人的活动情况,并力求使本身的活动与之相适应"[5]。互联网、大数据、人工智能、物联网、区块链等信息技术也具有类似作用,这一构想在那个特定时代,预见了当前和今后信息技术的图景。信息技术对社会的影响不仅仅作用在生产力领域,对世界范围的生产关系也产生深刻影响。比如,美国前总统特朗普的"推特治国",曾经成为其推动执政议程、最大化地发挥总统影响力的重要路径;而特朗普推特账号被永久关闭,则从另一角度反映出社交媒体平台巨头们拥有的异于传统权力的政治影响力。基于信息技术所推动的政治化的数字帝国主义倾向初见端倪。

马克思对制度的洞察，主要体现在对"生产资料所有制""财产制度""土地制度"等概念的运用上，体现在对经济基础和上层建筑的辩证关系阐释中，是生产力和生产关系互动的反映，主要包括经济制度和政治、法律、意识形态、文化等制度。这些制度体系建立在特定时期的生产力发展水平之上，其制度变迁不以人的意志为转移。

新制度经济学视角：制度变迁理论

随着制度环境的变化，制度的结构和功能会随之发生变化，而不是固定不变的。制度变迁也称制度创新，是指新的制度完全或部分替代原有的制度的过程，涉及制度产生、运行、衰减、更替和消亡等阶段。现阶段，我国数字经济的正式制度变迁主要由政府引领和规范。

制度变迁和演化是新制度经济学的重要研究议题。旧制度经济学吸收了德国历史学派、达尔文进化论等的合理内核，指出了制度在经济发展中的重要性，奠定了制度研究的早期基础，其代表人物包括托斯丹·邦德·凡勃伦（Thorstein B Veblen）、约翰·罗杰斯·康芒斯（John Rogers Commons）等。新制度经济学则主要从交易费用和产权理论视角，研究制度安排和机制设计，罗纳德·哈里·科斯（Ronald H. Coase）、道格拉斯·诺斯（Douglass C. North）、奥利弗·威廉姆森（Oliver E. Williamson）、阿曼·阿尔钦（Armen Albert Alchian）、哈罗德·德姆塞茨（Harold Demsetz）等为其代表人物。科斯发现了产权制度和交易费用间的关联，最早运用交易费用开展制度分析，认为制度的产生、运行和变迁都须考虑交易费用因素。康芒斯（1962）认为，制度是集体行动控制个体行动。[5]总体上看，制度是工作规则的组合，（奥斯特罗姆，2000）[6]也是规则、程序与规范的复合体，（诺斯，2000）[7]是影响人类行为的规则和规范，具有一定模式或框架，因而是一个系统，具有一定的结构和功能。

技术创新对制度变迁和经济增长都具有重要作用，甚至起决定作用。诺斯（1981）不认可技术决定论，认为制度不仅决定技术创新，而且促进经济增长，制度的作用在于降低交易费用、保护产权，约束追求主体效用最大化的个人行为，[8]并由此得出结论，西方国家经济增长的决定性因素是制度因素而不是技术因素。合理的制度安排可以促进经济增长质量的提高。（陈丹丹、任保平，2010）[9]制度经由技术、资本和劳动力等因素推动经济增长，也可能成为这些因素的瓶颈。（韩晶、朱洪泉，2000）[10]徐永慧（2019）指出，人口红利和资本积累是中国经济增长的主要动力。[11]但杨英杰、郭光敏（2019）认为，经济高速增长主要得益于要素投入、技术创新、制度创新、发展市场、政府行为和意识形态等方面。大量劳动力转移、固定资本投资、创新与技术变革、社会主义市场经济体制、有效市场与有为政府等因素共同起作用，带来了中国经济增长的奇迹。[12]在经济制度安排中，产权保护程度对经济增长的作用最大。（潘向东、廖进中、赖明勇，2005）[13]资源的产权包含所有权、使用权、收入权和转让权四个方面。

新制度经济学长期关注制度变迁过程，强调制度变迁在经济社会发展研究中的关键作用。制度变迁影响有效需求、要素投入、经济结构和科技创新等。然而，一般来说，制度只能在一段时间内保持稳定，其结构性的功能并非一成不变、永久地充分发挥作用。节约交易成本和改善绩效是制度变迁的内在动力。弗农·拉坦（Vernen W. Rutta）（1991）提出，制度决定着技术创新，诱导技术创新。[14]林毅夫（1994）将制度变迁模式分为诱致性制度变迁和强制性制度变迁。[15]前者制度变迁动力在于激励机制的诱导，后者则在外部压力推动下实施。杨瑞龙（1998）提出"中间扩散型"制度变迁的概念，用以解释地方政府推动制度变迁的进程。[16]长期来看，由于利益冲突、时滞或路径依赖等因素的存在，制度变迁表现出缓慢性和渐进性等特征。

新制度经济学的方法论和理论成果在数字经济研究领域有广阔的应用前景，其交易费用、产权、制度变迁、路径依赖等理论及观点，有助于深化对数字经济实践和理论的解释。然而，目前对数字经济制度体系构建的研究主题还未得到学术界应有的关注，研究的深度有待提升，研究的逻辑框架不清晰，尚未形成系统的理论与方法论体系，在系统性、创新性和解释力方面，还有广阔的研究空间。

第二节 学界成果

互联网、大数据和云计算共同组成数字经济系统的技术依托。产品与服务、市场、技术、产业、政策构成数字经济的五大核心要素（张晓，2018）。[17]

技术创新与数字经济

习近平总书记多次强调创新的重要性。"创新是引领发展的第一动力"，[18]与马克思提出的"基于知识的创新就是直接的生产力"一脉相承。要成功实现"换道超车"，归根到底要依靠技术创新。从生产函数角度分析，经济高质量发展要有与一定高技术条件相适应的高质量要素投入，更多地发挥高级生产要素在配置中的主导作用，形成高质量的产出供给。信息技术对美国的经济增长有显著贡献，对欧洲、亚洲等地区的经济增长的贡献也有经验证据支持。信息技术不但直接促进经济增长，还提升生产效率。互联网技术进步直接促进经济增长。以互联网技术为代表的新兴技术，是当前运用最成熟、最广泛的创新技术。荆文君（2019）认为，互联网等信息技术所带来的规模效应，能够增加可投入要素的数量和质量，精准实现各类要素在不同生产部门间的分配；互联网、云计算、人工智能技术改变了增长函数的形式，提高了生产效率，提高了信息的使用效率和边际产出，进而促进了经济增长。[19]

在数字经济形态下，数据作为关键性生产要素，引发市场规则、组织结构、信用关系、产权制度、激励机制等方面发生根本性变化。有研究者关注到，数据正成为全球增长的主要动力源。大数据作为一种全新的生产要素，直接影响经济增长；经济增长核算框架应加入数据元素。汤正仁（2018）提出，大数据提供巨量资源，互联网提供数据资源传输路径，云计算则提供数据资源使用方式。[20]数字经济对大数据等无形资产具有高度依赖性，用户和消费者具有可流动性，且其相互影响易产生网络效应和多层商业模式。

数字经济的功能作用

我国数字经济快速发展，在激发消费、拉动投资、创造就业、增强创新力和竞争力等方面，发挥了重要作用，表现出蓬勃的发展态势。许宪春、张美慧（2020）发现，2001年至2017年，我国数字经济增加值的年均实际增长率为14.43%，高于国内生产总值年均实际增长率（8.27%），也明显优于同期美国和澳大利亚的表现。[21]信息技术与传统经济的结合在促进经济增长的同时，可以保持较低的通货膨胀率。汤志华（2020）提出，改进质量的数字产品推动消费者通胀下降了0.57个百分点。[22]经济进入新常态至今，虽然我国外部环境发生深刻变化，外部需求可能遭遇冲击，但不会改变我国数字经济的基本运行态势。

（一）数字经济是创新的新动力和新起点

信息技术正推动创新范式的新一轮变革与升级。数字经济有力优化创新过程，加速创新迭代，具有"创造性破坏"属性，成为创新和经济增长的新动力。张新红（2016）认为，数字经济是新常态下发展中国经济的新动能，是引领创新驱动战略的重要力量。[23]数字经济是经济转型升级、提质增效的新引擎。张昕蔚（2019）认为，数字经济条件下的创新组织方式正在向网络化、生态化方向演进，其创新过程亦呈现出开放性和包容性特征。[24]新科技革命和产业变革的核心技术涵盖移动互联网、云计算、大数据、物联网、人工智能、虚拟现实、区块链、3D打印等，以此为驱动的数字经济创新呈现创新频率高、影响大和覆盖范围广等特点。数字经济是技术、产品、服务、商业模式等多种创新的综合体，创新具有快速迭代试错、用户深度参与、创造消费需求等特点。创新是数字经济引领产业升级和经济增长的强大推动力。可以说，数字经济是科技创新和体制创新的产物，其创新可能来源于商业模式、组织关系的创新。

数字经济可培育新业态，形成新经济、新动能，也可改造生产方式、销售渠道和消费模式，促进产业升级。（钟春平、刘诚、李勇坚，2017）[25]平台已经成为数字经济领域常见的一种商业模式和生产组织形态，打破了企业自身资源和能力对持续成长的束缚。我国数字平台企业的创新发展，成为全球网络空间力量竞争的重要载体。（熊鸿儒，2019）[26]数字经济情景下的用户深度参与创新过程，是创新创意的重要来源。数字经济的发展为企业采用新的方法创造和传递价值提供了更好的载体和工具。总体上看，传统制造企业正在加速向基于数据驱动的新型生产模式转变，加大力度探索制造服务化转型、线上线下融合、个性化定制等业务或模式。

（二）**数字经济是协调发展的重要引擎**

数字经济的协调性特征，不但体现在大数据、云计算、互联网三者的关系上，还体现在对新兴产业的驱动、对传统产业的带动上，体现在推动城乡区域协调发展上。张于喆

（2018）提出，深化新一代信息技术与传统产业的融合发展成为引领产业发展迈向中高端的关键，是一场传统行业格局的全方位重塑。[27]数字产业化和产业数字化存在着一定的协同关系。数字经济增加要素流动管道，增进要素之间互动，借此调整改善产业规模、产业效率和产业结构，促进产业更加紧密融合发展。孙德林、王晓玲（2004）认为，信息和网络技术具有高渗透性功能，信息服务业迅速地向第一、第二产业扩张，模糊了三大产业之间的界限，增强了三大产业间的相互融合趋势。[28]农业数字化改造可以有效促进我国的农业产出，但目前农业数字技术效率具有较大的提升空间。数字经济可显著促进制造业质量升级，中西部地区制造业质量升级则主要依赖于数字经济对劳动要素配置的优化效应。

互联网促进了要素在产业、城乡、区域、国际的流动。数字经济有助于实现经济与社会、物质与精神、城乡之间、区域之间的协调发展。数字经济弱化了区位劣势对经济发展的影响，缩小了东、中、西部城市间的差距。成都、武汉等城市通过发展"互联网+先进制造业"推动制造业转型升级，重庆、西安借助互联网发展"网红城市"，贵阳以国家大数据中心为牵引，打造经济发展新引擎。数字经济逐步促进城乡居民消费缩小差距，农村的数字消费增长速度全面超越了一线城市、新一线城市和二线城市的增长速度。我国东西部在电商、数字金融和物流等数字经济特定领域的差距正在不断缩小。数字经济使得城乡界限日益模糊，形成互动共赢、优势互补的新型城乡关系；平台经济体惠及贫困偏远地区，提高了收入水平，缩小了地区贫富差距。姜松、孙玉鑫（2020）发现，数字经济对东部地区实体经济的影响表现为"挤出效应"，在中西部地区则表现为"促进效应"。[29]数字经济有效地解决了市场分割的困境，从而缩小地区差距。（段博、邵传林，2020）[30]

（三）数字经济是引领绿色发展的新路径

在数字经济中，数据虽然是关键性生产要素，但属于非稀缺资源。与劳动、土地、森林、矿产、水源等传统的有限资源比较，数据资源不会因使用而枯竭，也不带来环境污染的外部性损害。数字经济发展是绿色成为普遍形态、没有污染、代际公平的可持续发展，能够有效避免过度消耗能源资源和污染环境，有助于推动环保、节能、绿色等产业发展。逄健、朱欣民（2013年）提出，数字经济的发展推动我国从高投入、高产出、高耗能、高污染的传统发展模式向低碳、节能、高效的发展模式转变。[31]人工智能和物联网构建生态环境全方位监测网络，区块链促进环保大数据的集成与共享，大数据驱动的智能分析技术促进生态环境综合决策科学化与监管精准化。

数字经济促进传统产业实现创新化、绿色化、节能化，加快了绿色型经济的构建。（张景先，2018）[32]数字产业是一种高附加值、低污染的高新技术产业。国际电信联盟估计，信息通信技术能帮助全球减少15%—40%的碳排放。（杜庆昊，2018）[33]

（四）数字经济具有开放性

开放发展体现了马克思"从民族的历史转向世界的历史"的思想。习近平总书记指出，"我们应该建设开放型世界经济，继续推动贸易和投资自由化便利化"。[34]以开放促改革、促发展，是过去40多年的一条成功经验。（郑新立，2020）[35]投资、设计、生产等多环节在开放发展过程中更容易带来新技术、新产业、新业态的孕育和成熟。（曹立、韦力，2020）[36]如果现代市场经济失去开放性的重要特征，基于物联网、电子商务和全球贸易而衍生的数字经济就无从谈起。（龚晓莺、王海飞，2019）[37]数据使用的开放程度成为一个国家数字经济生产力提升的最为重要标志。（易宪容、陈颖颖、位玉双，2019）[38]

数字经济加快了商品和生产要素之间的跨界流动。早期研究指出，数字经济天生是国际化的，借助互联网体系，数字经济把空间地理因素对经济活动的制约降低到最小限度，使之更具有全球一体化的特点。（刘建平，2002）[39]数字经济所涵盖的广泛商业模式，在不断进步的现代信息和通信技术的支撑下，可以在更远距离和更大规模之间开展。(高运根，2014)[40]数字经济发展促使全球价值链的部分或整体实现数字化，时空距离与信息不对称对国际投资的束缚由此减缓，(张宏、王建，2013)[41]跨境电商是有效协助企业连接国际市场的通道。(王伟玲、王晶，2019)[42]2021年前三季度，我国跨境电商进出口同比增长20.1%，市场采购出口增长37.7%。

"一带一路"沿线国家的数字经济发展水平，是中国对该国进行直接投资的重要决定因素。(齐俊妍、任奕达，2020)[43]"一带一路"沿线数字经济共同体凸显人类整体利益性、多元共治性、智慧科技创新价值性等特征。"数字丝绸之路"是数字经济在我国的全新发展阶段，具有开放性、合作性和前瞻性。信息通信技术能够促进中国与东盟的双边贸易，对东盟国家的经济增长具有显著的正向影响，其中移动电话对双边经贸合作贡献最大。进口国数字技术的发展与应用，能够降低我国获取市场信息、寻找贸易伙伴、建立贸易关系以及履行交付义务的成本，提高了我国出口的贸易效率，但我国出口贸易的不确定性也会随着进口国数字经济发展水平的提高而显著增加。[44]

（五）数字经济体现共享理念

共享理念实质是坚持以人民为中心的发展思想。马克思主义认为，"在人人都必须劳动的条件下，人人也都将同等地、丰富地得到生活资料、享受资料、发展和表现一切体力和智力所需的资料"。人是经济发展的主体，既是生产者，也是消费者。共享发展的内涵，包括全民共享、全面共享、共建共享和渐进共享。中国共产党永远把人民对美好生活的向往作为奋斗目标，依靠人民创造历史伟业，朝着实现全体人民共同富裕的目标不断迈进。数字经济助推全民共享、全面共享和共建共享。数字经济的发展，归根到底是以人为中心的发展。数字技术的发展，既要服务于经济增长，更要以公平性、普惠性、平衡性、稳定性等为目标，让更多的人享受到改革和发展的成果，让数字转型推动人类文明的进步。（向书坚、吴文君，2018）[45]数字经济引发产业结构变迁和生产能力跃升，进而促进就业和增进人民福祉。数字经济是共享经济。共享单车等的普及推广，真正体现了共享发展理念。共享经济在创造新需求的同时，更精准地匹配了供需两端，促进了经济增长。

数字经济为现代社会走向共享经济提供了一条探索性方案。刘荣军（2017）提出，数字经济只是手段，分享经济才是目的；通过重构市场经济和计划经济关于占有权和使用权之间的产权革命，数字经济有助于构建起协同共享的新经济形态，但也可能带来新的社会控制和社会分配。[46]夏炎、王会娟、张凤、郭剑锋（2018）构建了非竞争型就业投入产出模型，估算我国数字经济规模对就业的影响效应，发现信息和通信技术产业与传统产业融合的消费导向型就业效应正在逐步扩大，数字经济对技术密集型制造业的就业影响强于劳动密集型和资本密集型制造业，在生产型服务业中也表现出强有力的就业影响效应，同时，数字化转型促使人力资本从低成本优势向职业技能优势转型。[47]王国敏、唐虹、费翔（2020）提出，数字密集型行业的劳动者若拥有两种或两种以上的技能组合，则可以获得额外的工资溢价。[48]而在脱贫攻坚领域，运用互联网的包容性和融合性，调整贫困地区的产业结构，可推动农业与工业、服务业等产业充分融合发展。（斯丽娟，2019）[49]大数据可实现帮扶对象之间信息的无缝对接，针对不同的扶贫需求采取就业脱贫等多元化扶贫方式。张昕蔚（2019）提出，以淘宝、阿里云等数字化平台为支撑，"淘宝村"引领的数字经济支持了大规模的草根创新创业活动，带动了就业，繁荣了经济，推动乡村振兴向纵深发展。[50]数字金融促进包容性增长，在落后地区发展速度更快，有助于促进低物质资本或低社会资本家庭的创业行为，显著提升了农村低收入群体的家庭收入。也有观点认为，数字技术对收入不平等产生了非线性影响，导致了劳动力市场的"两极化"，即对高技能和低技能劳动者的收入均产生正面影响，对中等技能劳动者的收入产生负面影响。王文（2020）发现，工业智能化水平的提升，显著降低了制造业就业份额，但增加了服务业特别是知识和技术密集型现代服务业的就业份额，促进了行业就业结构高级化。[51]数字经济对非农就业尤其是受雇型非正规就业，具有显著的促进作用，数字经济红利偏向于受教育程度较高的群体。（何宗樾、宋旭光，2020）[52]激发大众创业是数字经济释放高质量发展红利的重要机制。（赵涛、张智、梁上坤）[53]

数字经济的测度体系

《2008年国民账户体系（SNA）》拓展了资产边界，明确附属单位和控股公司概念，增设经济所有权和经济所有者概念，提出货物所有权变更原则，关注非正规活动，设立卫星账户，这些措施均为数字经济纳入核算体系预留了空间。

数字经济的测度面临以下挑战：数字经济活动主体的身份模糊，生产边界、消费边界和资产范围均不清晰；消费者获取的免费数字福利是否应纳入测度范围尚无定论等。经合组织联合美国经济分析局、欧盟统计局等机构开展合作性研究，并与联合国统计委员会国民账户秘书处工作组的国民账户咨询专家组对接研究成果，但世界各国尚未形成完备的数字经济核算体系。美国经济分析局（2018）运用供给使用表，对2006—2016年美国数字经济规模进行测度。美国商务部从SNA核算体系及其产业分类标准出发，估算出2002年美国数字经济规模占GDP的7.9%。基于美国的做法，我国学者利用2002年中国的投入产出表，测算出该年数字经济规模占当年GDP的8.85%。（康铁祥，2008）[54]2016—2017年，G20（20国集团）国家发展中国家数字经济的平均增速为16.83%，发达国家的平均增速为8.47%；2017年，美国、英国、德国数字经济占GDP比重达60%左右，中国、法国、加拿大、日本、韩国、巴西、墨西哥等国家数字经济占GDP比重均超过20%。近年，国家统计局围绕数字经济陆续出台相关政策文件，为测度数字经济奠定了理论和实践基础。[55]杨仲山（2019）设计的数字经济供给使用表、数字经济投资矩阵表、数字经济生产信息补充表等，成为测算数字经济总量指标的基础。[56]在数字经济产业活动核算范围选择方面，金星晔、伏霖、李涛（2020）将数字经济产业活动分为数字经济基础设施及服务业、电子商务产业、数字化信息产业以及数字化生产活动四个部分。[57]

已有的指标构建方法，主要包括GIS（Geographic Information System，地理信息系统）空间分析法（王彬燕、田俊峰、程利莎、浩飞龙、韩翰、王士君，2018）[58]，熵值法（张雪玲、焦月霞，2017）[59]和主成分分析法（张伯超、沈开艳，2018）[60]，以及统计指标加回归分析的复合方法（刘方、孟祺，2019）[61]等。国外基于经济发展的规律和趋势进行的探索，对我国的数字经济指标体系设置具有一定借鉴意义，如欧盟数字经济与社会指数（DESI，涵盖各国宽带接入、互联网应用、人力资本、数字技术应用等），世界经济论坛网络就绪度指数（NRI，涵盖环境、准备程度、应用、影响等），联合国国际电信联盟ICT发展指数（IDI，涵盖ICT接入、ICT使用、ICT技能等），以及经合组织数字经济指标体系（涵盖投资智能化基础设施、创新能力、ICT促进经济增长与增加就业岗位等）。中国信息通信研究院的数字经济指数包括先行指数、一致指数和滞后指数3类；上海社会科学院全球数字经济竞争力指数构建了由数字设施、数字产业、数字治理、数字创新等维度构成的全球数字经济竞争力分析模型；腾讯"互联网+"数字经济指数包括基础、产业、创新创业、智慧民生4个分指数；财新等中国数字经济指数主要关注数字经济对整个社会效率提升的能力，包括生产能力、融合程度、数溢出能力、全社会利用能力4部分。（徐清源、单志广、马潮江，2018）[62]从2015年起，腾讯研究院基于腾讯公司等多家企业的数据，从消费、产业、政务等维度，测算全国351个城市的数字化发展程度，其数字中国指数由数字产业、数字文化、数字政务、数字生活4个板块的指数加权平均得到，其中广东、江苏和山东居于前3位。赛迪顾问股份有限公司的中国数字经济发展指数由基础指标、产业指标、融合指标和环境指标等4个一级指标、10个二级指标、38个三级指标组成，用以衡量全国各省级地区的数字经济发展水平。（2020年度省级前10名分别见表2-1）[63]21世纪经济研究院与阿里研究院选取长三角中心区27个城市，从基础设施、商业、产业、政务和民生5个方面，测算了相关城市的数字经济指数。[64]学者还从专题研究的角度，探讨了特定领域数字经济发展评价指标。比如，张伯超等（2018）选取风险

表2-1 2020年中国数字经济发展指数排名

名次	省份	指数规模
1	广东	65.3
2	北京	55
3	江苏	52.2
4	浙江	51.5
5	上海	45.5
6	山东	42.8
7	福建	38.6
8	四川	35.6
9	河南	35
10	湖北	32.5

数据来源：赛迪顾问股份有限公司《2020中国数字经济发展指数（DEDI）》。

资本可用度、最新技术可用度、固定宽带普及率、固定电话普及率、高等教育入学率、信息和通信技术（ICT）产品出口占比、高科技出口占比、每百万人安全服务器8项指标，用以刻画数字经济发展所需的要素禀赋条件、基础设施条件、政府治理与监管力度和社会营商环境等，构建了"一带一路"沿线国家数字经济发展就绪度指标体系，定量评估了"一带一路"沿线国家的数字经济发展条件。（张伯超、沈开艳，2018）[65]

数字经济发展的现实困境

我国数字经济发展水平排名全球第二，然而，人才创新能力明显落后于美国，数字化基础设施与发达国家之间存在显著差距。（吴晓怡、张雅静，2020）[66]

（一）核心技术缺失和产品附加值低

与主要发达国家相比，我国数字经济数字化基础产业的差距，主要体现在核心技术缺失和产品附加值低两方面。发展中国家由于面临数字化生态体系不健全和产业化基础缺乏等问题，转型受到技术和资本门槛制约。（王玉柱，2018）[67]大量技术属于知识产权保护范畴，其基础理论和关键技术控制在美国、日本、欧洲等国家和地区手里，被限制或禁止向中国转移；以美国为首的西方国家对中国进入高质量发展阶段、实现技术赶超颇有异议和担心，于是竭力加以阻止，甚至将阻止方案写入其政策文件和法律法规。

（二）数字经济发展不平衡

由于省域间的数字化基础设施和产业变革均有较大空间差距，省域数字经济综合发展呈现由东向西梯级递减之势，区域分化显著。其中，落后地区的网络基础和数据基础设施相对薄弱，企业和政府数字化转型缓慢，电子商务、数字产业化和产业数字化融合发展滞后。王彬燕、田俊峰、程利莎、浩飞龙、韩翰、王士君（2018）结合腾讯研究院发布的数字经济指数，研究我国数字经济发展空间分异特征，发现内部发展差异显著，但经济基础较差的地区有机会在数字经济发展方面取得突破。[68]钟业喜、毛炜圣（2019）提出，长江经济带数字经济发展水平整体偏低，地理分布差异显著，发展水平由下游向上游递减。[69]电子商务发展对现行分税制财政体制造成冲击。随着按照属地管理方式征收的增值税向电子商务企业聚集的区域集中，会加剧区域间税源分布的不均衡。数字经济对各产业的影响不均衡，数字化程度较高的产业主要集中于第三产业，如科研机构、金融行业及广播电视等；第一产业及第二产业中的重工业的数字化程度则偏低。

(三)数字治理难度有所加剧

数字金融风险凸显,增加了金融市场的易变性和金融动荡的可能性。数字经济的快速发展,给世界各国企业所得税的税源确定和税收征管带来挑战,以物理存在为基本构成要求的"场所型常设机构"的税收协定规则已失去原有功能作用。数字经济加剧了跨国企业在中国的逃避税行为。数字经济领域的行业垄断行为引起了学者们的激烈争论。进入数字经济时代,反垄断执法的范围和时机难以抉择,取证难度大,法律救济不及时,执法队伍建设滞后等挑战不容忽视。丁文联(2018)提出,鉴于现有法律制度难以解决数据产权安排、数据行为基本规则和数据行为竞争规则三个层面的问题,传统的"违背商业道德-损害竞争秩序"和"结构-行为-效果"分析框架就难以应用到数字经济领域的反垄断实践中。[70]费方域、闵自信(2018)则认为,传统的反垄断法分析框架适用于大数据领域。[71]

(四)数字经济引致"数字鸿沟"

数字经济推动世界经济转型与发展的同时,也带来严峻的"数字鸿沟"[72]问题。数字经济增长及其治理正在重塑国际格局。(王璐瑶、万淑贞、葛顺奇,2020)[73]"数字鸿沟"成为继城乡差别、工农差别、脑体差别"三大差别"之后的"第四大差别"。(李俊江、何枭吟,2005)[74]科学技术是双刃剑。乔晓楠、郗艳萍（2019）认为，数字技术与资本主义的结合，促进了生产力发展，同时也被异化为资本攫取利润的工具。[75]西方经济社会的消费、就业、生产、投资在实现数字化的同时，也变得更加资本化和附属化。（丁晓钦、柴巧燕，2020）[76]由于资本和劳动力的相互替代，数据作为生产要素对分配的影响，也表现为劳动者工资受挤压甚至失业问题，比如，自动化和人工智能的发展导致机器替代人，加剧失业问题。孙德林、王晓玲（2004）提出，在一定条件下的数字经济中，优势或劣势会自行强化，出现强者更强、弱者更弱的赢者通吃垄断局面。[77]

"数字鸿沟"从信息技术在社会群体之间的应用差距，逐步扩展到国与国、地区与地区之间在信息基础设施、信息产业发展和应用方面的差距。何枭吟（2013）提出，数字资源全球分配不均衡，国别和地域的差异显著。"数字鸿沟"强化了发达国家数字垄断优势，发展中国家陷入"数字贫困"，加剧了全球经济发展的不平衡。[78]数字经济技术的运用仍存较高壁垒，客观上形成了发达国家与发展中国家的"数字鸿沟"。全球"数字鸿沟"以及发展中经济体在发展数字经济基础设施方面投资能力不足，使很多发展中国家在全球国际投资格局中处于更加不利的地位。

数字经济制度构建的路径

"赏"与"罚"是两种最基本的治国手段和方略。执行惩罚和奖赏的速度、程度和确定性同等重要。根据制度所处的激励结构及其实施特征，可将其分为自我实施的制度和外部实施的制度。（崔珊珊，2019）[79]其中，自我实施制度的前提是履约收益大于成本，外部实施的制度的相对约束性更强。陈一远（2016）将实体性的制度规范分为激励性规范和制裁性规范。[80]本书中的制度分类，借鉴了以上的"两分法"，将数字经济制度体系分为激励制度和约束制度，但彼此间的界限并非完全分明。

在规划制度方面，惠志斌（2019）提出，围绕5G网络部署、技术创新、应用示范、产业布局、安全监管进行总体规划，引导国内外企业、研究机构共同打造5G创新链、产业链和生态链。[81]应推动制造业数字化转型升级，突破关键技术和关键设备、加强工业信息安全保障体系建设、强化人才队伍支撑，提升我国工业发展质量。（曹正勇，2018）[82]

在产权制度方面，王伟玲、王晶（2019）提出，建立适应数字经济发展的市场体制，强化信息产权保护，加强信息公开和数据开放，鼓励商业模式创新和技术创新。[83]

在创新制度方面，学者建议必须抓住核心技术攻关这个

"牛鼻子",加快形成自主可控、安全稳定的核心技术创新体系。(辜胜阻、吴华君、吴沁沁、余贤文,2018)[84]解决创新能力不强问题的关键,在于科研成果的研发和市场化转化,以及广大创新型中小微企业的发展壮大。推动数字经济发展、加快新旧动能转换,应持续优化软硬环境,加大对技术创新成果早期市场的支持力度,支持数字经济细分领域的发展,实施"互联网+"与"智能+"行动计划,鼓励数字经济龙头企业走出去。严若森、钱向阳(2018)建议,加强战略业务转型、促进增长渠道拓新,加强组织单元重塑、实现平台治理优化,强化自主研发能力、引领竞争业态升级。[85]在数字经济时代的企业运营与服务创新管理方面,陈晓红、唐立新、李勇建、霍宝锋、刘士新、顾远东(2019)认为,应在智慧物流与供应链管理、智能制造大数据与全面质量管理、数字技术下绿色物流与绿色服务运营管理、共享经济下运营与服务模式创新、新型信息技术下制造及服务资源配置与优化等方面,加大研究力度,为企业的产业经济转型升级提供决策依据。[86]为了推动中国移动、中国电信与中国联通三大运营商更好地融入数字经济生态,区块链技术可利用去中心化、技术赋能和价值互联的特点,提升数字经济运行效率、推动产业转型升级,促进企业组织和管理及盈利模式创新,从而驱动数字经济的实现高质量发展。2019年11月,工信部办公厅发布关于印发《"5G+工业互联网"512工程推进方案》的通知，明确到2022年，突破一批面向工业互联网特定需求的5G关键技术。

在开放制度方面，学者建议在"一带一路"沿线国家的数字经济发展与合作过程中，采取有力政策措施鼓励我国信息产业企业"走出去"。应出台"数字丝绸之路"建设方案，发挥企业的主体作用，筹建"数字丝绸之路"的平台性公司，加大对"数字丝绸之路"的税务规则、个人隐私、企业和平台责任等问题的研究。2010年《亚太经合组织领导人增长战略》提出，要创建有利于创新和新兴经济部门发展的经济环境，促进数字繁荣。（史佳颖，2018）[87]

数字经济约束制度领域的研究成果相对分散，但有较强的针对性。学者建议完善数据治理规则，确保数据的安全有序利用。（王娟，2019）[88]要在坚持软件源代码和算法领域开放创新的同时，精准设计允许强制披露源代码和算法的特殊情形。信息扶贫打破贫困地区市场与资源的限制，助力构建农业全产业链，实现小农户与大市场的精准对接，推动政府有效整合扶贫资源，优化配置扶贫资源。[89]在提升基础技术创新水平的同时，继续发挥用户规模和数据资源优势，创新互联网商业模式，突出智能制造的承载力，积极探索数字经济治理和监管的新模式，保障数据信息安全。（赵剑波、杨丹辉，2019）[90]杜庆昊（2020）搭建了关系、主体和机制三方面协同的数字经济治理分析框架。[91]鉴于数据跨境流动日益频繁且监管缺失，各国数据管辖方面的冲突日益凸显，这就要求各国加强数字经济领域的国际合作，共同参与数字经济立法合作，共同推进国际规则的形成。（刘方、孟祺）[92]

第三节　数字经济制度的基本原则

数字经济制度是体系化的规范和规则，是调整数字经济运行的基础性机制。制度功能是指制度的合目的性，即特定制度或制度体系满足某种需要的属性。数字经济制度的功能可以分为激励功能和约束功能。恰当的激励是制度持续运行的动力和基础，严格的约束则确保数字经济主体行为的规范和有序。以互联网金融点对点借贷平台（P2P）为例，在其初步发展阶段，行业发展原则上以市场自律为主，行政监管为辅，主要由制度的激励功能发挥作用；2016年以后，随着借新还旧、停业跑路等"庞氏骗局"的频发、多发，监管部门开展的集中整治活动，较多发挥了制度的约束功能。

数字经济制度在发挥激励和约束功能时，应坚持公平原则、效用原则、法定原则和及时原则。

公平原则：数字经济制度的赏与罚

"赏""罚"分明是公平原则的核心，是人人平等原则在数字经济制度领域的延伸和应用，是数字经济活动过程中最重要和根本的原则。数字经济制度对数字经济所有参与主体提供平等的保护，提供平等的表达和参与机会。数字经济的任何参与主体，在适用数字经济制度上都一律平等，同等行为同等对待，相似情形相似处理，做到同情同判。同时，应避免过度激励，防止制度激励措施的泛化，防止诱发机会主义行为。

效用原则：预期收益大于成本

效用原则对人的需求动机有一定的适用性和解释力，是制度发挥激励和约束功能的哲学基础。在数字经济制度体系的变迁过程中，数字经济主体可能利用特定的制度安排来实现自身利益，体现一定的相对自主性和策略性。预期收益高于成本是数字经济主体参与创设、遵从或者变革制度的前提。在公正的基础上，积极引导和制约数字经济参与主体在追求个体福利水平的同时，实现社会总福利水平的最大化，即实现和接近社会总福利的帕累托最优。从数字经济制度体系本身来看，激励制度和约束制度的实施，其所获预期收益均应大于成本。

法定原则：限制自由裁量权

在数字经济领域，无论是激励制度还是约束制度，均应坚持法定原则，明确激励约束的内容、条件和途径，依法依规定按程序实施，维护数字经济参与主体的合法、正当权益。同时，应避免权力滥用，防范超越规定权限行使自由裁量权。

及时原则：强调时效性

数字经济激励制度或约束制度实施得越及时，则越公正有效。从时效维度看，及时和有效都很重要。拖延和积压的后果，可能会引发负面情绪，产生数字经济制度激励或约束所不期望发生的负面效果。

第四节 数字经济制度的体系结构

数字经济制度体系是由相关具体制度构成的整体，各具体制度又各有其制度功能，彼此之间互相影响和依赖，共同确保数字经济健康发展。数字经济制度体系的运行涉及人的需求、动机、目的和行为等方面，涵盖结构与功能、规则与程序、过程和结果等环节，通过引导人的需求和动机，激励或约束数字经济参与主体朝着预定的方向行动。数字经济制度体系包括产权制度、规划制度、创新制度、开放制度，以及税收征管、公平竞争、测度考核、安全保障等具体制度。这些具体制度的设立和运行，都是为了稳定预期，调节数字经济参与主体的行为，并约束机会主义动机，实现数字经济持续健康发展。趋利避害是人类行为的重要原则。激励和约束并不矛盾，而是相辅相成、相互促进的。在数字经济运行过程中，引导和控制人们的行为，离不开激励和约束两种方法和策略。研究数字经济制度体系的构成，离不开对激励制度和约束制度的系统研究。激励和约束方法策略的规范化和程序化，分别形成了激励制度和约束制度。

激励和约束制度对行为方向、偏好和选择等方面会产生较大的影响。由于制度自身的差异，其所产生的激励或约束效应也不尽相同。大多数制度都具有一定的激励功能，也兼具约束功能，但能区分是以激励为主，还是以约束为主。在研究过程中，根据制度功能的不同，将数字经济制度体系分为以激励为主的制度（包括产权制度、规划制度、创新制度、开放制度）和以约束为主的制度（主要包括税收征管制度、公平竞争制度、测度考核制度、安全保障制度）两个子体系。

激励制度：产权、规划、创新与开放

激励是对行为人及其行为的肯定和正面评价，其直接对象是人的动机和需求。制度激励影响人们的行为方向、动机偏好。在数字经济中，制度激励功能发挥的差异，决定着数字经济发展的方向、进程和速度。解决行为人的行为动力问题，需要发挥数字经济制度的激励功能。数字经济制度通过对行为人的需求满足和动机刺激来调动行为人自主、积极做出特定行为。激励制度是一种吸引和引导，建立在自主和自愿基础上，而不是建立在强迫或强制基础上。本书中的激励制度主要包括产权制度、规划制度、创新制度和开放制度。

产权制度对数字经济活动调节有重要意义。向市场主体提供将外部性内部化的激励，从而提升资源配置效率，是产权的主要作用。根据科斯定理，产权是市场运行的核心，产权制度是资源配置优化的基础，也是其他制度安排的基石。好的产权制度有利于维护交易秩序、降低交易成本，提升经济效率。

规划制度是关于长远的、全面的计划的制度。数字经济领域的规划制度，着力解决总体目标和重点任务，协调数字经济长期发展过程的总量和结构问题。规划本身虽然也具有一定的约束性，但主要以指导性为主，具有建议性、预测性和灵活性，期望数字经济主体自行、积极按照规划目标和意图采取行动。规划制度往往涉及一定的利益分配，推动数字经济主体结合自身情况和需求，趋利避害，采取符合切实利益的行动。所以，规划制度主要具有"诱导"和激励性质，有利于减少数字经济的盲目性，合理引导、调动和配置资源。由此，在研究过程中，要将数字经济相关的规划制度纳入激励制度的范畴。

创新制度在数字经济制度体系中发挥"驱动器"作用。创新制度有利于促进知识、技术和信息加速流动，协调数字经济创新资源，提升数字经济的整体运行效率。数字经济创新制度决定一个国家数字经济发展的方向和动力，通过增强数字经济主体的创新能力，营造数字经济创新发展的良好环境，成为数字经济高质量发展的"融合剂"和"催化剂"。在数字经济制度体系内部，创新制度与规划制度、产权制度等互相衔接融合，共同激发数字经济参与主体的活力。

开放制度是数字经济制度体系的重要组成部分。互联和开放是数字经济的固有属性。互联网等新兴技术进一步突破了传统的国家、地区界限，整个世界经由互联网被连通成一个村落。从物联到数联，再到智联，万物互联推动生产力和生产关系产生巨大变革。资本的扩张推动和加快全球市场的有效开拓，世界的不可分割和人类前途命运的休戚相关，为数字经济的动态演化提供了物质基础和动力前提。开放制度顺应数字经济发展的潮流和趋势，围绕数字经济发展实施更大范围、更深层次、更宽领域全面开放，营造公开、透明的营商环境，推动人们逐渐摆脱农业经济、工业经济时代的时空限制，进一步增强人与人、人与物、物与物之间的互动和联系。总之，开放制度对制度学习、利益格局调整等数字经济制度变迁过程具有重大而深刻的影响。

约束制度：税收征管、公平竞争、测度考核和安全保障

约束制度是强制要求数字经济主体承担行为后果和成本的规则体系。监督和惩罚是制度实施的保证，违反约束将会受到惩罚。约束制度借助干预或控制手段，对数字经济主体实施塑造和管制，纠正其自发状态或机会主义行为的偏差。数字经济统筹发展和安全，唯有在进行激励的同时，施以有效约束，才能以良法推动数字经济实现高质量发展。约束制度主要涉及税收征管制度、公平竞争制度、测度考核制度和安全保障制度。

税收征管制度是指国家税务征收机关依据有关法律、法规，对数字经济领域的税款征收过程进行的组织、管理和检查的活动。根据税收中性原则，数字经济和传统经济承担同等的税负。在数字经济活动中，跨国数字企业依托数字技术与平台，即可开展有形商品的跨境生产经营和线上销售，因而在所得来源地的国家设立物理实体性机构的需求有所下降，由此对传统的常设机构原则构成挑战，对所得来源地国要求分享跨境数字经济活动税收利益的挑战日益凸显。数字经济税收征管制度既要适用税收征管的一般规律，也要符合国际税收原则。

公平竞争制度是市场经济制度的核心。与传统经济比较，数字经济中的竞争，正从产品竞争转向平台竞争，从静态竞争转向动态竞争，从资金竞争转向技术、知识竞争，从营销、销售竞争转向用户、流量竞争。多边、跨界的平台竞争和算法竞争正与传统的竞争方式相融合。规模经济和范围经济的融合所导致的赢者通吃局面，正在改变传统的市场竞争和垄断格局，其中，平台、数据和算法形成了新的竞争市场结构。公平竞争制度立足解决数字经济所面临的突出问题，运用公平竞争审查、公平产权保护工具和手段等竞争政策，确保所有数字经济主体获得公平竞争的权利。

测度考核制度涵盖数字经济活动相关的指标体系、政策体系、标准体系、统计体系、绩效评价体系和政绩考核体系等领域。国内外对数字经济测度的认知并不一致，甚至存在较大分歧和争议。目前，技术进步对数字产品的价格统计带来了挑战，对跨境电子商务的测度可能会引起偏差，对非正式交易难以进行有效评价，高频率化、非标准化、高碎片化、产权分离化的非结构化和半结构化数据难以通过传统统计指标进行度量。这些都是测度考核制度需要研究解决的问题。

安全保障制度的指向性和针对性很强。在信息化条件下，数字经济涵盖的范围和主体不断增加，提升了数字经济的复杂性，但各国的数字安全治理仍处于探索阶段。加强网络内容监管、治理虚假信息，日益成为全球普遍共识，受到各国高度关注。信用关系的技术化面临风险，工业互联网安全风险突出，互联网用户的法治观念与维权意识有待提升，"数字鸿沟"问题明显。这些问题的解决，亟须在数字经济安全保障方面加快建章立制的速度。

第五节 数字经济制度体系的总体特征

数字经济制度体系具有整体性、多元性、互动性、不完全性和演化性等特征。

整体性

数字经济制度体系是一个有机的制度整体，具有结构性、自治性和有序性的特征。制度变迁的任何子环节、子领域都可能影响整体，可谓牵一发而动全身。数字经济制度不是简单的要素相加之和，而是具有整体性和系统性，不但要明确制度创设目标和基本原则，界定权利和义务、权力和责任，而且要明晰适用的主体、事项和范围，厘清制度执行的主体、程序和保障机制。在制度内容上，既要有事前的客观公正评判，也要有事后的及时有效救济。制度体系的整体性直接决定了数字经济制度体系的有效性。

多元性

无论是数字经济制度体系的形成主体,还是其表现形态,都具有多元性。政府、社会组织和自然人在数字经济制度形成和运行过程中,均不同程度地发挥作用。数字经济的包罗万象决定了相应制度表现形态的多元共存,成为数字经济制度体系的运行趋势。

互动性

制度相关的行为不是孤立的,而是互动的。不同的制度之间互为条件,相互强化。在数字经济制度体系中,制度本身源自数字经济主体之间的互动,尤其是各主体间的良性沟通和合作交流,有利于供给更多高质量的满足数字经济发展需求的制度产品。

激励制度和约束制度交织在一起。两类制度并非界限分明、完全对立,激励制度需要约束制度的确认和支持。在数字经济制度体系中,两者相互依赖、相互作用,共同降低互动的不确定性,共同影响数字经济制度体系的均衡和稳定。

正式制度和非正式制度也具有互动性。在数字经济制度体系运行过程中,非正式制度作为正式制度的辅助、补充和延伸，修正和减缓了正式制度变迁的剧烈程度。反之，正式制度也全方位影响着非正式制度的缓慢变迁，导致数字经济参与主体行为和预期的逐渐调整。制度变迁和利益冲突也具有天然的互动逻辑联系。两者相互关联、双向互动。利益冲突是制度变迁的内在推动力，主导着制度变迁的方向和力度；制度变迁则是利益冲突的主体所要实现的目的，是主体间博弈后所达成的利益均衡状态，同时也成为未来潜在利益冲突爆发的制度基础。制度变迁与利益冲突相伴而生，并由利益冲突推动。

不完全性

由于各种不确定性的存在，加上数字经济主体的有限理性，造成不能在契约签订前预测所有可能发生的状态，导致契约的不完全或不完备。如果相关状态的权、责、利关系没有写进契约，或者界定不清楚，很可能会带来效率损失。为解决不完全契约产生的效率损失问题，奥利弗·哈特（Oliver Hart）和约翰·摩尔（John Moore）（2005）强调物质资产所有权的重要性。[93]但埃里克·马斯金（Eric Maskin）和让·梯诺尔（Jean Tirole）（1999）提出，除了诉诸产权配置，机制设计也有利于解决契约不完全难题，从而纠正效率损失。[94]

演化性

数字经济制度需求的碎片化、多样性与制度体系统一性、系统性间的矛盾，需要通过制度的演化和变迁予以调和。

数字经济制度的演化不仅涉及行为规则，还与共同认同的信念或价值观有关，因此，演化过程相对复杂。制度演化经济学倡导"通用达尔文主义"，分析技术创新和制度演化的协同演化。[马塞洛·费尔南德斯·帕切科·迪亚斯（Marcelo Fernandes Pacheco Dias），2014][95]制度演化的预期收益和成本的对比如果发生改变，就可能会产生打破现有制度均衡的内生动力。但是，制度演化不是一蹴而就的瞬时变化过程，而是不断提升其前瞻性和适应性，从一个均衡到另一个均衡的缓慢相互作用和演进过程。一旦共同遵守的原有经济制度失衡，相应行为规则不再适应数字经济生产力的发展，数字经济参与主体一时就很难达成共识，只好在没有规则的情况下进行互动学习，直到达成新的共识。此外，信息技术作为推动数字经济制度演化的重要因素，与制度的共同演化一起决定着数字经济制度体系的演化轨迹。比如，信息技术推动数字经济蓬勃发展，不但倒逼一国加快改革税收征管改革，也对未来的国际税收规则走向产生深刻影响，此时，税收制度体系面临重塑，社会信用体系建设也面临重构。

第六节 数字经济制度体系的运行目标

目标是行为的导向和标准，本身就具有激励和约束作用。任何制度的创设，均体现制度设计的目标。数字经济制度体系在保持制度供给和制度需求均衡的基础上，还可在减少不确定性、节约经济运行交易费用、抑制机会主义倾向等方面，在促进分工和协作、竞争和合作等环节，发挥关键的基础和保障作用。如果无法有效防止机会主义行为或者不可预见的行为，那么就不是高质量的数字经济制度体系。

促进制度供给和制度需求的均衡

数字经济制度体系的运行，既取决于其本身的科学性、合理性，也取决于制度的供求关系，即制度供给和需求能否实现均衡。数字经济制度供给及时顺应制度需求，两者相互协调，才能提高数字经济制度体系的有效水平。否则，无效的制度供给会造成制度资源的浪费，也有损制度权威。

长期来看，制度的非均衡具有必然性。比如，随着平台经济的崛起和在线销售额的激增，以及更多互联网平台的出现，欧盟不得不重新审视《垂直区块豁免条例》[96]（2010年实施，2022年5月31日失效）这部市场分销方面的反垄断法规继续存在的必要性，以及是否与其他方面存在法律冲突。再如，为了保障电子商务各主体的合法权益，《中华人民共和国电子商务法》于2013年启动立法，历时5年，直到2018年8月才通过立法。总体上看，从均衡到非均衡，再到均衡的演化历程，虽然有长有短，但寻求短期内数字经济制度的均衡和稳定，一直是制度体系运行的永恒目标。

数字经济生产模式、产业结构和市场运行模式的改变，将打破既有的制度均衡，新的数字经济制度往往随着非均衡的产生而出现。比如，在数字经济条件下，之前基于全日制就业形态运行实施的社会保障、薪酬人事等制度，面临着从均衡到非均衡的交替。在"零工经济"中，自由劳动者的权益保障缺乏依据，劳动者的谈判能力有限，适应劳动者流动性和就业方式多样化的就业服务及用工管理制度有待完善。自动化或人工智能的发展，导致机器替代人的现象出现，从而产生失业问题。大型科技企业引致收入差距扩大和全球不平等加剧，技术革新或使这一趋势进一步恶化。少数的大型科技企业的利润率日益高企，而大量低技能劳动者被排除在现代制造业的门外，随着前一类企业在经济中的占比越来越高，全社会的工资中位数停滞不前，降低了劳动收入占国内生产总值的比例。[97]苹果、微软、亚马逊等企业富可敌国，赢利能力强，其所聘员工的薪酬普遍较高，但人员数量远少于传统的商业巨头。为缓解技术变革对传统就业模式造成的上述负面影响，各国政府高度重视劳动力市场的制度变革，推动建立更加灵活和高质量的再就业制度体系。就业领域的案例表明，制度均衡与制度创新交替出现，成为制度变迁的常态化过程。

然而，数字经济制度是具有正反馈机制的自我维系和强化的体系，一旦确立，便不会轻易被更好的制度替代，而会沿着特定的路径发展演进，其发展结果还可能导致多重均衡。大数据和平台帮助供求双方绕过传统中介，实现点对点的沟通，降低交易成本，实现快速匹配，缩短周转时间，加快资本循环，增进信息公开，提高了资源配置效率和整个社会的运行效率。近年来，"互联网+"推动传统服务业焕发蓬勃生机，外卖骑手、线上红娘、内容创作者、自由设计师、网约车司机、线上健身教练等各类灵活就业者，获得了大量就业岗位。虽然也有就业压力和担忧，但基于平台经济的快递、送餐员、家政保洁、司机等行业，行业集中度有所上升，并创造了新的就业机会。同时，平台企业垄断地位的持久性和稳固程度却远逊于传统市场。平台企业有效整合供给端与需求端，形成巨大的市场优势和影响力，甚至具备了准公共基础设施的功能。平台企业不但占据较大市场份额，而且拥有数亿级的高黏度活跃用户，兼具组织者和参与者双重角色，并将市场这只"无形的手"一定程度上改造、滥用为维护平台企业赢利诉求的"有形之手"。许多中小企业被动纳入平台，增加了转向备选平台的搜索成本、数据迁移成本、学习成本、谈判成本等，其成长空间被压缩。对拥有提取、控制和分析数据能力的平台企业而言，更多的用户意味着更多的数据，更多的数据意味着拥有更强的能力，于是可以凭借击败潜在竞争对手的先发优势，以"野蛮"方式进行数据资源的"跑马圈地"。平台企业借助技术创新成为行业领先者后，继续利用"平台+数据+算法"垄断用户需求，借助用户流量优势、算法优势、数据优势和资本优势，还可以在新的领域形成垄断优势。产权界定不清、收益分配不合理，降低了数据垄断的风险，纵容了平台企业独占数据的动机和行动。一旦其占有数据资源后却不愿共享，甚至为了拒绝分享而设置过高壁垒或隐形门槛，就会推高数据要素的获取成本，制约基于数据深度挖掘的持续性创新，对数字经济的正常竞争秩序产生实质影响。以上不公平竞争行为，对反垄断规制等公平竞争制度提出了挑战。

节约制度运行过程的交易费用

随着数字经济市场规模的持续扩大，交易费用会不断增加，原有的经济形态要求建立更加合理的新制度，从而降低交易费用，提高数字经济市场主体的参与积极性。

数字经济制度运行所产生的交易费用，主要源自不确定性、机会主义和资产专用性等方面。无论是以激励为主的数字经济制度，还是以约束为主的数字经济制度，其确立、运行和演化都需要考虑交易费用因素。在特定国家治理环境下，以最小交易费用实现制度预期功能，成为数字经济制度体系的运行逻辑。只有预期收益大于预期成本，一项新的制度安排才可能产生直至巩固。有效的数字经济制度有助于降低交易费用，减少不确定性，抑制机会主义行为。

技术、信息和要素相对价格的变化，成为数字经济制度创新的重要源泉和动力，推动一项制度替代另一种制度。比如，公平竞争制度的变迁成本或交易费用近几年已有所降低。由于技术创新引起生产函数和消费函数发生变化，市场主体所形成的网络外部性、天然垄断性和极强渗透性等特征，导致传统反垄断规则的适用性面临挑战。然而，对企业结构、供求结构、价格结构、市场占有率等的分析，对竞争和垄断机制的评判，都可经由数据的搜集、整合、分类、加工、处理来实现，从而提升协同和协调程度，并降低竞争制度的变迁成本，增强竞争制度创新的内在动力。近年来，我国互联网领域的反垄断监管改革进程不断加快，数据收集使用管理、平台企业垄断认定等方面的制度不断完善，线上经济得到规范，促进平台经济长远健康发展的效果十分明显。2021年4月对阿里巴巴集团控股有限公司实施的"二选一"等涉嫌垄断行为立案调查和处理结果（除责令该公司停止违法行为外，还对该公司处以其2019年度中国境内销售额4557.12亿元4%的罚款，计182.28亿元），2021年10月对美团在外卖领域实施"二选一"行为的处罚结果（责令美团停止违法行为，全额退还独家合作保证金12.89亿元，并处以其2020年中国境内销售额1147.48亿元3%的罚款，计34.42亿元），都彰显了反垄断监管的力度和效果。

提升资源配置效率

数字经济制度体系的运行目标在于促进供需对接，优化资源配置，在一定程度上遏制和解决生产过剩趋势，整合碎片化资源，有效缓解市场失灵。在大数据、区块链等技术的支持下，互联网和物联网共同连接起生产者和消费者，通过网络组织传递、共享的数据和信息，突破了资源获取的时空限制，一定程度上实现了供需双方的实时双向反馈，降低了交易双方的搜寻、议价和监督等成本，尤其节约了消费者的选择成本和交通成本。

即使技术不发生变化，制度创新也有利于减少不确定性，降低复杂性，化解利益冲突，从而提升数字经济的劳动生产率，实现数字经济增长。在数字经济制度体系保障下，生产和消费之间开放、共享的协作模式，构成了数字经济生产效率提升的重要来源。生产和消费之间具有同一性，这种"同一性"在数字经济中得到了进一步体现。消费者经由各种算法，根据购物清单、浏览记录和行动轨迹等数据，重组为数字化的"消费者"。消费者对产品和服务的隐秘性、易变性和复杂性需求，具有了一定的稳定性和周期性，并呈现一定的行为惯性和经济理性。然而，只有在数字经济图景下，消费者心理结构、思维认知和行为方式等方面的规律，才能通过数据解析和呈现出来，从而为生产者整体研判市场需求提供依据。需求侧的变化必然要求供给侧及时做出调整。生产者生产什么，生产多少，怎样生产，以及新产品能否研发成功，越来越取决于能否对与消费者需求有关的数据进行精准分析，而传统的经验驱动模式已难以快速把握和响应消费者个性化和多元化的需求。生产者和消费者之间经由互联网形成的关联优势，为前者进行市场测试，加快获取市场反馈，减少创新试错成本，提升产品和服务性能，提供了可能性。比如，制造业企业借助数字化、开放式的研发设计平台，及时、低成本获取消费需求信息，并持续参考在线消费者的体验评价和优化建议，快速和精确地优化产品细节。这种快速迭代研发模式一旦实时、动态地将消费者的需求信息和变化反馈到研发端，就会有效推动产业链与创新链的紧密对接，提高生产过程的柔性和产品的异质性，降低产品和服务的市场风险，并且优化供给侧结构，提升资源配置效率。

加大数据产权保护力度

产权是否清晰界定，一定程度上决定了产权能否得到有效保护。产权配置可在一定程度和范围纠正由契约不完全带来的效率损失。产权是动态变化的，也是相对的。传统意义上的产权，具有排他性、可分割性、可转让性和可交易性等特征。但由于数据生产要素自身的特性，其产权形式也呈现一定的特殊性。产权用以界定人们在数字经济活动中如何获益或承担损失。恰当合理的产权安排是数据资源得以优化配置和有效利用的根本保障。

数据作为一种生产资料，所有权归属尚不清晰。在产权制度安排上，却可以被开放、免费、共享、永久和重复使用。

作为一种虚拟物品，特定数据被一个人使用时，也可以被他人正常使用，而且可以被无限供给和使用。数字技术弱化了私人所有权对使用权的竞争性约束。与数据这一特定资源相联系的收益权等权利可以是共有的，也可以是私有的。与土地、资本和劳动比较，数据更具有替代性、非稀缺性、非排他性等特征。数据的多归属性促使传统产权在更大范围内和更大程度上实现分离和重组。在共享经济中，产品或服务的需求者更关注数据的使用价值，而非数据本身的所有权；供给者则希望在特定时间内为获利而让渡闲置数据资源的使用权。供给者和需求者的身份可以转换或互换，主要取决于参与主体的资源余缺情况。可见，共享经济的生产方式摆脱了"死劳动对活劳动的统治"，生产过程体现了需求者和供给者的共同参与意愿。数字经济打破了对物品使用的固有限制，推动了资本权利在物权领域的进一步延伸。数据资产随着数据管理和数据应用的逐步深化，逐渐受到应有的重视[98]，正在实现由保值到增值的跨越，数据流带动资金流、物资流、人才流等资源要素向实体经济集聚，从而释放数据红利。

可见，数字产品和服务的财产所有权归属正在弱化，所有权和使用权正在分离，数据生成者、提供者、控制者、运营者和开发者等数字经济主体间的法律关系有待进一步明晰。针对现实存在的突出矛盾，中国共产党中央委员会（简称"中共中央")、中华人民共和国国务院(简称"国务院")《关于构建更加完善的要素市场化配置体制机制的意见》提出,要根据数据性质完善产权性质。《中华人民共和国民法典》(简称《民法典》)主张保护数据生产要素的交易和市场化,其第一百二十七条规定,法律对数据、网络虚拟财产的保护有规定的,依照其规定;在第五百一十二条中,则明确了数据作为合同标的物以及其交付与所有权转移规则。

第三章

任务与挑战：
数字经济制度体系建设面临的问题

做强、做优、做大数字经济，推动数字经济健康、规范发展，都对数字经济制度体系建构提出了紧迫要求。数字经济领域的制度供给尤其是制度体系的构建，正面临新的任务和挑战。深入剖析数字经济发展面临的制度挑战，有利于根据变化了的新情况，及时回应新的制度需求。在产权制度、规划制度、创新制度和开放制度，以及税收征管、公平竞争、测度考核、安全保障等制度所分别对应的实践领域，数字经济面临的挑战有所差异。其中，鉴于规划制度所指向的数字经济实践范围较广，相关研究将分散至其他制度相关领域，未做集中阐释。本章第一节至第七节分别为后续章节研究数字经济产权制度、创新制度和开放制度，以及税收征管、公平竞争、测度考核、安全保障等制度，提供指向和铺陈；第八节则从制度整体层面探讨几个主要的问题。

第一节　数据要素产权及其交易制度亟待完善

数字经济情景中的数据权属生成过程复杂多变，数据确权定价成为全球性的问题和挑战。与土地、资本和劳动比较，数据更具有非竞争性和非排他性特征。在产权制度安排上，数据作为一种生产资料，可以被开放、免费、共享和反复使用，其所有权和使用权正在分离。数据确权、定价和保护领域的立法、标准、市场准则亟须创新和突破。

数据提供者的利益保障

数据提供者的回报难以覆盖其获取所生成数据的成本。利益得不到有效保障，会在一定程度上阻碍数字经济的发展。现行法律体系的立法条文相对宽泛，权利体系分散重叠，对数据的收集整理、分析计算、使用传播等环节的法律表述相对不明确，各利益攸关方的权益划分仍存模糊地带。

我国尚未出台类似欧盟《通用数据保护条例》(General Data Protection Regulation，简称GDPR)的数据基本法，制度供给不足，实施机制乏力，缺少系统的制度激励和救济。制度建设滞后和监管缺位导致平台企业免费使用部分公共资源，部分业务游离于监管之外。在一些领域，数据成为平台企业间争夺掌控的"私产"。多数平台企业在借助用户生成内容获利的过程中，不向用户支付任何成本。平台企业成为数据收割者这一苗头和倾向，为数字经济主体间的数据利益冲突埋下了隐患。[1]如果数据提供者的商业利益无法保障，就会弱化数据交易的动机，导致不愿或无法进行数据交易。比如，在内容文化产业领域，内容的商业权是属于内容创作者，还是属于内容运营者，难有明确的判定依据，导致创作者和运营者的矛盾冲突较大，甚至难以调和。[2]

数据交易市场的成熟度

受数据权属不清和数据估值不准的制约，以及监管政策缺位，导致数据交易市场面临诸多困难，使数据资产化进程受阻。数据要素市场尚处于发展的起步阶段，数据确权、开放、流通、交易等环节的相关制度尚不完善，良性互动的数据交易生态体系尚未形成。由于数据有多个不同的支配主体，数据交易中介商、数据提供商、技术服务商间的交易流程得不到规范统一。数据资产价值评估仍面临数据质量、应用场景和法律道德因素等相关限制，市场信任机制缺乏，有价值的商业数据和公共信息资源无法充分融合和流动，可能会导致数据领域的投资不足和市场失灵。

知识产权竞争力和保护力的制度化水平

目前，我国在基础创新与专利申请领域，大而不强、多而不优等问题突出，特别是发明专利比例偏低。在软件著作权等领域，美国的专利数量仍有显著优势。现行知识产权制度在包容性、公平性、代表性等方面，还不尽完善。当前人工智能、互联网和大数据的发展，对原有的知识产权制度提出挑战，比如，用人工智能的方式创作的音乐、文学作品，作品版权归软件使用者还是软件开发者尚存争议。此外，数字经济领域的知识产权保护力度不足，数字侵权行为时有发生。

第二节 自主创新和原始创新的保障性制度体系不健全

从总体上看,随着国内外技术差距的不断缩小,传统的学习模仿门槛提高,模仿对象逐渐消失,模仿收益下降。同时,数字经济领域的创新基础还不够牢固,制度创新能力建设有待提升。

创新和转化各环节的衔接

数字经济创新要素在不同创新主体间尚未实现充分、自由地组合和流动。产学研用协同创新力度不够,大学、科研院所和企业间未能实现优势互补、有序衔接,有的创新成果沉睡在科研院所和高校,科技成果转化率偏低。创新型科技人才结构性不足,矛盾突出,世界级科技大师缺乏,领军人才、尖子人才不足,工程技术人才培养同数字经济实践和创新发展相脱节,人力资本错配致使创新动力不足。此外,财税政策对技术创新激励作用不强，资本市场支持技术创新的激励不足，也制约数字经济创新动能的迸发。

核心技术创新的突破

近年来，我国信息技术领域的技术来源和储备不足、核心竞争力不强等问题凸显。本土软件企业在底层架构和核心算法方面不具优势，在数据的采集、处理、存储、分析和可视化等环节的技术积累薄弱，在关键数据技术创新和开源生态建设方面仍有较大成长空间。比如，人工智能在基础研究、原创成果、顶尖人才、技术生态、基础平台、标准规范等方面，与世界领先水平有一定差距，参与制定人工智能国际标准的积极性和力度不够，开源社区和技术生态布局相对滞后，技术平台建设力度有待加强，制定完善人工智能相关法律法规的进程需要加快。又如，量子计算在算法、体系结构、编码、材料等方面与国外仍有较大差距。总之，由于对基础研究和应用基础研究的投入相对少、研发比重低，造成前端环节投入明显不足[3]，源头技术储备严重缺乏，难以支撑前沿技术突破和产业升级。再如，集成电路等产业核心关键技术缺失、自给率偏低，严重威胁国家的产业链和供应链安全。

我国由于存在受个别国家制约的"卡脖子"技术，底层技术原创性不足，在行业面板、芯片设计、封装测试、通信设备、光电、手机制造、物联网、云计算、大数据等领域，部分关键产品严重依赖进口。部分出口行业在国内组装的产品严重依赖国外发达国家的核心零部件和核心技术，"拿来主义"的惯性和倾向依然存在。工业网络和软件、工业控制系统、高端装备等领域的技术产业实力难以满足安全防护需求，软硬件依赖国外技术产品的状况，给我国的工业信息安全带来很大的风险。

信息技术与传统产业的融合

当前，传统企业的发展阶段、基础和能力难以适应互联网新技术及其新应用引发的新变革，产业互联网仍处于起步阶段。部分制造企业难以摆脱传统的路径依赖，仍处于观望状态；部分已经开始数字化转型的制造企业，很多还处于各自为战状态，甚至遭遇瓶颈，存在低层次的重复建设，通用性成熟解决方案不多，可以借鉴的案例偏少。数字化转型共性服务设施和服务机构缺乏，数字化设计、仿真、测试、验证等环境建设不足。在数据采集清洗、通信协议、数据安全等方面，以及辨识数据特征与生产经营的关联和因果关系方面，信息技术的应用还不充分。基于经验知识的数据建模和分析能力不足，限制了数字经济与传统产业的深度融合，两者尚未达到全面互动共促的程度。如果错失发展机会，将失去全球"高端制造"弯道超车的战略机遇期。

制造企业的技术水平和数据分析能力

部分制造企业的研发设计能力有限，工业母机、基础软硬件、算法等领域的瓶颈问题仍然突出。集成电路、工业机器人、数控机床、工业软件和关键零部件的工业设计能力相对薄弱，工艺和材料相对落后，仍然不能满足实际需要。在对物理制造世界的完全数字化再现、智能互联装备智能化水平提高、跨系统全数据信息整合等方面，我国制造企业仍有一定差距，突出表现在创新企业数量较少、研发投入强度偏低、自主创新能力缺乏、创新产品稀缺等方面。制造企业的自动化和数字化水平还不高，数字技术与物理技术、生物技术等的融合还不深。

社会各界对工业软件的重要性缺乏足够认识。工业软件产业仍处于高研发投入、长周期回报阶段，对技术、人才和资金的投入要求高。工业软件产业面临人才、资金、技术、市场等困境，业内人才流失严重，基础研发投入不足，技术成果缺乏商业转化，市场难以突破欧美的软件生态圈，与制造强国战略不相适应的被动局面亟待改变。信息化集成和供应链管理能力不足，平台架构偏重传统工业，系统的集成能力有限，在领域覆盖、服务能力、产业链地位等方面，难以与国外同行竞争者匹敌。

第三节　逆全球化思潮不利于跨境数字经济有序发展

受民粹主义和逆全球化思潮影响，数字贸易国际规则体系亟须健全，数字经济领域的投资保护主义倾向日趋明显，西方发达国家及其跨国公司进一步巩固对互联网技术的控制力和领先地位的现状亟须引起重视。

数字贸易国际规则体系的构建

随着数字贸易尤其是数字服务贸易的迅速发展，构建全球性的数字贸易规则迫在眉睫。但在跨境物流、在线交易、跨境支付、电子认证、信用体系、数字贸易争端解决机制等领域，跨境电子商务规则、标准尚未统一。跨境数据流动风险评估机制尚不完善，行业性跨境数据流动自律机制的作用尚未充分发挥。与发达国家对全球数字经济的规则制定和体系构建具有影响力和竞争力比较，中国对重塑全球数字贸易格局的引领作用相对不明显，部分环节被排除在新规则制定的体系之外，制度性话语权与自身数字经济发展实力不相称，在数据分类监管、知识产权、消费者隐私保护等领域的利益诉求得不到有效保障。

数字经济领域的投资保护主义倾向

在各国竞相争取本国数字权益的激烈竞争环境下，数字贸易壁垒增多。多数国家的跨境数据流动管理政策过于保守，且受到隐私保护、市场准入、产业能力、国家安全、地缘政治、国际格局等复杂因素的影响。在受数字化影响较大的媒体、运输、电信、金融、专业服务等行业，数字经济普遍受到各国政府管制。近年，发达国家强化了对数字经济领域信息技术及相关核心资产（包括数据）的保护，并加大对相关跨国并购的审查力度，尤其加强对技术敏感领域外国投资的审核和干涉。数字经济已成为各国外资监管较为集中的领域之一，数字经济领域跨境投资正面临政策限制，国际的外国投资政策协调亟待加强。部分国家基于鼓励本国电子信息制造业发展考虑，对电子、通信设备等的进口货物和服务加征高额关税，以达到平衡巨额贸易逆差的目的。随着贸易摩擦的发生以及人工、用地等成本增加，一些外资电子厂商开始迁回本国，或迁往东南亚等成本相对更低的地区和国家。

西方发达国家和跨国公司对信息技术话语权的争夺

西方发达国家强化对优秀科技人才和研究开发资源的垄断，推动信息科技资源向少数发达国家的集聚。[4]西方国家在技术合作和输出方面趋于保守，对信息技术合作及转移制定了更加严厉的限制措施，信息技术的政治化、安全化和壁垒化倾向有所抬头，个别国家的数据霸凌心态仍将持续并可能升级。美国为了巩固数字经济领域既有优势，利用传统和非传统手段（如技术壁垒、外资审查、知识产权限制、加征关税、排他性协议等），加强美国在高科技制造业的领导地位，助推美国制造业"再次伟大"。美国在追求自身经济独立性、增强美国在尖端半导体设计和制造领域领导地位的同时，发起"对华脱钩"策略，致力于阻挠中国高技术产业和数字经济发展。[5]2021年6月，美国国会参议院通过《2021年美国创新和竞争法案》。这一应对中国的一揽子法案，具体包括芯片和5G紧急拨款方案、《无尽前沿法案》《2021年战略竞争法案》《确保美国未来法案》和《2021年应对中国挑战法案》。为了全面封堵和打压华为、中兴等中资企业，2021年10月，美国国会参议院通过了"2021年安全设备法"，以"国家安全"为名，阻止华为、中兴等中国公司的通信设备进入美国电信网络。从技术和规则层面看，我国数字经济在全球价值链中的位势不高，字节跳动等跨国数字公司的专业化和国际化运营水平有待提升。美国自特朗普政府时期挑起的中美贸易摩擦，违反了国际通行的多边贸易规则，打破了全球产业链的既有分工格局，不但直接冲击了我国的外贸、外资和金融市场，也影响了我国数字企业的创新链和产业链，开源软件使用也面临较大风险和不确定性。如果受到美国出口法律的约束，我国数字企业将无法获得新版开源软件授权，产品迭代和海外市场开发将遇到阻力。这些做法制约了我国ICT产业向全球价值链中高端升级，削弱了我国跨境电商交易等基于互联网平台以及其他信息通信技术所开展的货物贸易既有优势[6]，并增加了我国数字企业赴美投资并购的风险挑战。由此，部分产业相对独立的产业生态或将受到负面影响，并弱化中美间多年形成的"你中有我，我中有你"的经济关系，对全球数字经济产业格局产生不利影响。

第四节 税收规则滞后制约数字经济健康发展

数字经济是虚拟经济，在经济门类和产业间具有广泛渗透性，相关产品和服务以数字形式存在，不同程度脱离实体形式，其多重可移动性加剧了税基侵蚀和利润转移[①]。跨国数字企业的价值产生地与其利润征税地存在一定程度的不匹配。数字消费国的数据和用户参与到价值创造的过程，而利润却可能归属于数字输出国或其他第三方国家。数字企业利用价

---

① 比如，网络直播行业的税收秩序亟须持续规范，部分网络主播存在一定涉税风险。2019年至2020年期间，某网络主播通过隐匿其从直播平台取得的佣金收入虚假申报偷逃税款；通过设立多家个人独资企业、合伙企业虚构业务，将其个人从事直播带货取得的佣金、坑位费等劳务报酬所得转换为企业经营所得进行虚假申报偷逃税款；从事其他生产经营活动取得收入，未依法申报纳税。经税收大数据分析评估并开展全面深入的税务检查后，浙江省杭州市税务部门于2021年底据《中华人民共和国个人所得税法》《中华人民共和国税收征收管理法》等规定，依法确认其偷逃税款6.43亿元，其他少缴税款0.6亿元。

值和利润创造对无形资产的高度依赖性向低税地转移利润，严重侵蚀一国税基。所得税普遍存在管辖权划分、应税所得确定、避税控制等环节的挑战，线上和线下纳税人的税负差异明显。如何确认数字经济主体的利润归属，如何保障一国的征税权，目前仍存在分歧，又因难以单独制定一套税收政策，反避税相关对策的研究成为各国的重要议题。

税收管辖权模糊带来的税基侵蚀和利润转移

高度发达的数字经济降低了对当地运作实体的依赖程度。随着跨国商品与服务贸易及国际资本流动的规模扩大，非居民企业开展跨境经营时，在他国设立物理性存在的必要性降低。跨国数字企业近乎以零成本获取和分析各国销售市场的数据，并基于此获取利润。互联网企业的税收居民身份所属国与所得来源地国在税收利益协调上存在失衡和扭曲。所得来源地国为互联网企业的跨境数字化经营活动提供了消费条件和生产条件，为这些企业的价值创造提供了资源和条件，但无法充分获得相应的征税权与税收利益。近年来，国际避税案频繁发生，逃避税途径更加多样化，策略设计更为隐蔽，更难确定交易双方信息。这反映出当地征税机关在识别交易性质、有效监控税源等方面存有挑战和困难。从税收管辖权划分上看，按照价值创造原则，所得来源地国可对互联网企业征收所得税，但在现代国际税法实践中，有关所得来源地国的增设新税种、引入预提税、修订常设机构等应对策略，由于缺乏公平性和权威性，很难得到落实，无法与互联网企业的税收居民身份所属国公平分享跨境数字化经营活动所创造的税收红利。为达到避税目标，跨国企业利用数字经济交易主体虚拟性、交易内容数据化等特征，人为减少相应跨国所得的分配份额，将更多利润额转移到无所得税或较低税负国家和地区关联企业账上。一些跨国企业利用全球一体化的经营模式，以及中外税制之间的差异，逃避在我国的纳税义务，一定程度上侵蚀了我国税基，损害了我国税收主权。[7]数字经济领域存在的以上税基侵蚀和利润转移问题，在短期内难以得到彻底解决。

应税所得的交易类别和交易定价

信息技术在与研发、运营、售后、支付等环节密切融合过程中，在空间格局上相应地呈现碎片化和扁平化特征，导致价值创造地和收入来源地的区分日益模糊，互联网企业的资产负债表至今仍无法准确反映各种数据的价值和税负情况，这对国际税收中的常设机构和转让定价的规则形成了冲击。

目前，跨境交易呈现全球化、一体化、虚拟化和数据化，数据价值的评估量化和利润归属分配问题非常复杂，现行所得税法和税收协定中的"场所型常设机构"规则失灵。在数字经济环境下，如果继续适用传统的常设机构原则，有关跨境在线数字化产品或服务交易利润的国际税收分配结果必将显失均衡。数字经济模糊了传统所得税法关于各类所得之间的界限，严重冲击了现行的所得定性识别规则。

数字经济税收规则体系的国际共识

数字经济的商业模式正挑战各国国内及国际税法体系。数字经济领域税收规则的改变，可能对经济行为确定性和可预测性的预期产生影响。基于此，多数国家对数字经济征税问题持保守和谨慎态度，宽严不一。已有数字经济税收规则体系主要反映发达国家的比较优势和利益诉求，公平合理的国际共识标准有待形成。针对提供数字化服务或广告活动的收入征税，针对数字化交易征收预提税，或针对数字化企业的流转额征收均衡税等尝试，既取决于各国税收规定等法律结构，也取决于各国的经济形态，对其他国家并不一定具有普适性。

税收优惠政策的公平性

在数字经济模式下,现行聚焦于软件行业和高新技术行业等特定行业发展的税收优惠政策力度不够,且受益面过窄。由于税收优惠认定标准的公平性有待提升,导致税收优惠政策对数字经济产业发展的激励作用不明显。比如,非软件企业或工业化企业在开发软件过程中,如果软件收入为零,则无法享受到相应的税收优惠。

第五节 数字经济的平台垄断要求监管创新

　　数据资源和数据技术构成数字经济时代的核心竞争力。数据资源是平台企业取得竞争优势的关键要素，是提升平台企业价值创造能力的战略资源，因而成为数字经济市场主体争夺的重点。从数据到大数据的发展，对市场竞争具有重要影响。数字技术依托其引领性、渗透性、可达性、均衡性和跨越性，弱化了传统市场原有的时空约束，推动市场竞争趋于更加充分和自由。同时，市场主体间的竞争强度和跨行业地域的竞争广度均有所增加。数字经济一直处于创新和竞争相互冲突的发展过程中，不但推动竞争理论体系和实践模式的一致性和可执行性，对数字经济进行演化和重构，而且对反垄断的立法和执法也提出了挑战。

垄断因素推高数据流动壁垒

围绕数据这一重要生产要素及其权益的竞争日趋激烈，在部分领域形成的垄断势力，推高了数据流动壁垒。很多时候，平台将其收集的各种数据视为己有，借助技术护城河和市场进入壁垒，试图形成数据壁垒。基于条块分割、行业和地域壁垒形成的数据孤岛，往往阻碍数据的开放共享和自由流动。当占有数据优势的企业形成市场支配地位并滥用其支配地位时，即构成数据垄断。脸书、亚马逊、优步等数字平台企业都接受过或正在接受有关国家或地区的反垄断调查。在我国，"算法共谋"通过机器学习的形式，即时获取、调整、预测价格，增强了不合理交易条件的隐蔽性，给市场交易带来极大的不确定性，整个市场竞争结构和竞争过程由此面临潜在风险。

资本市场强化数字平台的垄断趋势

平台企业模糊了传统行业的边界，引致权力重构和资源重组，增强了对传统行业的渗透。为了扩大其领域优势，平台企业积极探索与传统企业的建立战略伙伴关系。比如，投资、收购潜在竞争对手，以此进入互补产品和服务领域。部分平台企业自身在某些领域已经取得领先的市场地位。比如，在全球的互联网搜索市场、社交媒体市场和云计算服务（AWS）市场上，分别由谷歌、脸书、亚马逊占据主导地位；在中国，电子商务市场由阿里巴巴主导，移动支付市场则由阿里巴巴和腾讯共同主导。

数字经济是资本驱动的经济。随着相关平台企业的运营边界被放大，涉足的产业、行业不断增加，为资本的野蛮生长和持续积聚提供了便利工具和条件，但也暴露了资本在全球的不良影响，深化了不公平竞争程度，扩大了贫富差距，加剧了周期性经济危机。

数字经济垄断问题更加隐蔽复杂

在全球范围内，随着数字经济尤其是平台经济的发展，垄断问题变得更加隐蔽复杂，争议更多，影响范围更广，对反垄断立法、执法过程的评判标准甚至传统概念带来了一定挑战，导致部分现有法律法规、治理方式及监管手段难以适用。[8]平台经济具有动态性和渗透性，创新频率高，市场变动急剧。静态、传统的垄断分析框架和评判标准，面临难以确定市场边界、界定相关市场、认定市场支配地位等多重困境。平台企业的市场力量与传统企业具有明显差别，伴随着数字经济新业态、新模式对传统商业规则的颠覆性改变，新型垄断行为不断涌现。数字经济中市场主体间的竞争更体现出动态性，市场份额、市场壁垒、经营者财力和技术条件等市场支配地位的传统认定因素，难以适用于数字经济情境。目前，尚无规范方法或成熟经验用以认定数字经济的市场力量（市场份额、利润率等传统工具难以适用），也无公认的标准用以判定滥用市场支配地位的行为，这就加大了准确识别的困难。对于垄断势力跨界传导、"二选一"纵向限制[9]、掠夺性定价等排他性滥用行为，基于大数据利用的过高定价等新型价格歧视等剥削性滥用行为，以及数据资产集中、算法共谋的新型垄断协议等疑似垄断行为，监管部门均难以准确识别。针对数字经济领域滥用市场支配地位行为的执法遇到了困难。比如，电子商务经营者通过收集用户画像、支付能力、支付意愿等，基于大数据算法做到"一人一价"。此时，同一商家、同一产品，不同的消费者面对不同的价格，"大数据杀熟""数据茧房"[10]等引致了消费者歧视。对这一领域的取证执法，成为监管领域的重点和难点。

现行反垄断监管体系和执法方式的局限

传统监管体系与数字经济跨界融合发展不相适应，难以满足"互联网+"跨界融合发展的需要。数字经济领域反垄断执法的调查取证成本较高，较难识别垄断协议等技术性、隐蔽性问题。传统线下监管的数字化、平台化、网络化监管转型滞后，网络精准监测、跨平台信用体系、大数据治理等监管手段尚处于探索创新阶段。法律救济措施缺乏行为救济的规则基础，司法救济功能的及时性和有效性不足，难以满足数字经济时代司法救济的需求。临时救济措施滞后和赔偿力度不足成为反映较为强烈的问题。从司法判例来看，这两个方面尤其成为当事人反映强烈的问题。此外，如果涉及跨主权国家的调查执法，还可能引发管辖权争议。

第六节 数字经济测度考核体系有待优化

评价和推进数字经济发展，需要构建科学的测度考核体系。已有研究根据各自对数字经济内涵的不同理解，探索研究了不同的测度考核体系。数字经济具有渗透性、融合性、协同性特质，造成常规的国民经济核算方法难以全面测度其发展水平。（刘淑春，2019）[11]主要问题体现在指标体系、统计体系和具体实施等方面。

指标体系的构建质量

与发达国家相比，我国的数据质量整体不高，数据标准和格式不统一，"数据孤岛"和"碎片化"现象天然存在。高效便捷的数据开放与共享系统尚未完全建立，跨部门、跨行业的数据开放和共享难度较大，数据获取方面的困难制约指标体系构建的顺利推进。同时，在数字经济指标体系的构建思路和方法上也各有所长。我国的研究和实践起步相对较晚，已有成果在研究目标、范围、方法、指标赋权等方面，均存在差异，尚没有权威、客观、一致、可比的结论和结果。

统计体系内容的完整性

现有统计体系呈现"两多两少"特征：反映经济成就和成绩的指标多，反映人与自然和谐发展的指标少；反映总量的指标多，反映结构调整和转型升级的指标少。此外，反映新经济、新动能成长和质量效益方面的指标也不充分。

具体到数字经济领域，由于缺乏顶层设计，过程指标与结果指标相混同，同类指标重复，导致少数统计指标的测度较为困难。现有数字经济统计体系研究对于数字技能、社会福利和安全保护方面的衡量较为薄弱，尤其是反映质量、效益的指标，体现人民群众幸福感的指标，还很不完备，难以满足推动数字经济高质量发展的要求。

相关测度考核的主观性

实践中，数据成本、价值等领域的有效计量方法尚未建立，数据作为企业生产经营的附属产物，很难与其他资产、资源剥离，难以通过市场直接定价。由于交易量大且交易分散，导致反映数字经济发展的政策体系、标准体系尚不健全、对数字产品的分类难以体现数字化活动和产品增长，部分关键指标时效性较差。囿于工具、方法、数据等因素制约，现行测度考核体系无法有效测量数字经济的增加值，无法为数字经济发展及时、全面地提供决策证据。

由于数字经济相关的测度考核指标具有主观性，难以精确计量，加上计量口径不一致，现有的研究成果尚未形成一套全面、权威、细化、科学的考核体系，绩效评价和政绩考核等仍有较大拓展潜力和发展空间。

第七节 数字安全治理仍处探索阶段

数字经济涵盖的范围和主体不断增加，提升了数字经济的复杂性。数字经济领域的细小问题可能给经济整体带来全局性的冲击和影响，甚至动摇一国经济社会运行的基本盘。数字经济发展模式正衍生演化为社会公共治理范式，相关风险可从经济领域传导至社会领域。[12]在信用关系、工业互联网、安全监管、"数字鸿沟"、就业结构等方面，有关方面应对新经济形态的治理能力有待提升，这对既有的政府监管效能带来了挑战，不利于数字经济整体的长远健康发展。

信用关系的技术化风险

在数字经济中，信用关系呈现显著的技术化特征，交易者获取信息更加及时、便捷，成本更低，识别信用更为自动化、智能化、网络化和精准化。在智能投资顾问、众筹平台、投资理财平台、算法交易等领域，此类金融交易中的信用关系均以技术化的方式予以识别和确定。数字加密货币、智能合约、区块链等进一步把信用关系的技术化推向新的高度。然而，信用关系技术化的内置化或前置化预设导致隐私、信息安全等易被侵犯，且不易被察觉，也很难维权。比如，比特币网络银行遭受黑客攻击，导致利用比特币洗钱等问题频繁发生。算法程序如何识别结构复杂的信用关系，往往成为一个黑箱，投资者和监管者对具体过程无从得知。基于技术的信用关系成为风险产生的重要根源，不但增加了技术创新的成本，也加剧了信用危机蔓延的潜在风险。

工业互联网的安全防范

网络安全是数字经济稳健发展的基础和保障。然而，工业互联网平台发展正面临网络威胁和挑战，网络漏洞等造成的经济损失巨大。鉴于工业领域网络受攻击的方式多元、多变，工业信息安全防护体系尚有很大提升空间。对特定工业设备、工业软硬件系统中存在的漏洞发起网络攻击，不但中断工业设备正常运行，而且干扰生产安全和经济运行。5G相关关键基础信息基础设施的开放性高，终端应用场景复杂，也易受黑客的网络攻击。物联网安全的保障难度大于互联网，区块链领域面临

"女巫"（Sybil）攻击[13]等多重威胁，数据泄露和滥用风险凸显。工业互联网安全防护流程复杂，防护难度大。由于存在弱口令、权限绕过、远程命令执行等安全漏洞，工业互联网平台和设施容易成为主要攻击目标，遭受扫描探测和恶意程序监测，致使重要敏感数据时有泄露。然而，国内厂商的安全服务能力难以满足现实需求，安全防护体系处于初级阶段，还需进一步完善。在这种情形下，一旦受到木马病毒感染或有组织、有针对性的网络攻击，将会产生严重后果。

信息和网络安全监管

信息技术对个人数据（信息）权的侵害风险，持续干扰和制约数字经济的健康发展。在促进数字经济市场主体更高效利用数据的同时，如何做到保护用户隐私安全、社会公共安全及国家总体安全，成为两难课题。平台企业有时未经个人授权、不履行告知义务，以低廉成本甚至零成本收集消费者的个人信息和行为数据，并利用智能算法对消费者的性格偏好、兴趣爱好、社交网络等进行数据化处理，进而将这些数据直接转化为商业利益，甚至产生政治后果[14]。非法采集甚至无序滥采普通消费者购物习惯、健康状况、活动行程、生活记录、私人关系等数据时有发生[15]，非法数据采集和倒卖黑色产业链屡禁不止[16]，数据流转过程存在篡改、泄露、窃取等风险，使个人隐私得不到有效保障。网络信息内容治理面临严峻挑战，虚假宣传、版权侵权、低俗媚俗等问题仍然突出。随着算法自我学习而强化的偏见，引致性别、种族等方面的不平等。缺乏技术价值观和科学伦理的算法加剧了虚假信息的泛滥，相应的网络内容监管体系和监管能力有待提高。在社会结构网络化、信息渠道多样化的背景下，互联网用户的法治观念与维权意识有待提升，由于法律政策手段滞后，数据交易、处理、共享、利用等环节的规则和指引缺失，相关的取证难度大，所涉利益主体多，信息和网络安全治理面临着不小挑战。

数字经济发展不平衡导致的"数字鸿沟"

在全球数字经济分化发展背景下，发达国家的数字经济发展领先于发展中国家。在发达国家，80%的人使用互联网；而在最不发达国家，只有20%的人使用互联网。[17]发达国家虽然凭借先发优势和技术垄断，较发展中国家提前受益于数字经济发展带来的红利，但不会主动帮助发展中国家发展数字技术和数字经济，发达国家与发展中国家间基于技术鸿沟产生的"数字鸿沟"不断加大。全球数字经济的南北差距较大，2019年，发达国家数字经济GDP占比约是发展中国家的2倍。近年来，各国产业数字化蓬勃发展，但快慢不一，有关国家产业数字化的巨大差距，成为造成"数字鸿沟"的重要原因。中美两国拥有的数字平台占全球70个最大数字平台市值的90%，其中微软、苹果、亚马逊、谷歌、脸书、腾讯、阿里巴巴等7个"超级平台"占总市值的2/3。[18]我国地域广阔，在互联网使用、电子政务普及、手机终端数量等方面，东部和中西部存在明显差异，数字资源分配明显不均。尽管宽带覆盖率整体有所改善，但是农村地区覆盖率较低。"网络鸿沟""宽带鸿沟""无线鸿沟"正向"云鸿沟""5G鸿沟"演化。在中西部一些地区，基础设施尤其是信息基础设施落后，导致当地群众无法获得互联网带来的"知识红利"，降低了互联网等技术的运用范围，也制约了当地数字经济的快速发展。传统的"数字鸿沟"一般表现为年龄、地域、基础设施等方面的差异。[19]随着信息技术的发展，数字经济发展不平衡导致的新型"数字鸿沟"将日益扩大，具体表现在产业数字化发展不平衡，区域数字化发展不平衡，数字经济治理与传统治理范式不协调等方面。仅从数字经济市场主体的分布看，我国当前的大数据企业主要分布在北京、广东、上海、浙江、江苏等少数地方，其他省份的数量较少。

数字经济中的结构性失业风险

数字经济发展在促进、带动就业的同时，也可能对就业产生不利影响，进而破坏发展成果，冲击社会稳定。知识结构比较落后、技术水平比较低的传统就业群体更容易受到数字经济的冲击。在美国，信息技术企业不断获得巨额回报，数字市场高度集中，被认为是制造行业失业率攀升和居民贫富差距拉大的重要原因。对我国来说，制造业总体上处在全球价值链的中低端，生产组装等常规工作对就业者的技能要求不高，导致其极有可能被机器替代，由此带来了一定的就业压力。在生产任务总体不变的前提下，数字经济生产效率的提升，有望降低企业对劳动者人数的需求。可以说，新旧业态更替[20]和产业结构转型升级增加了结构性失业风险。

数字经济还可能加重剥削，增加失业风险。在数字技术带来的"自由"表象下，借助强大的数据运算、存储和传输能力，企业主对劳动者的工作流程的监控极大地增强了，劳动者的工作强度和风险压力也相应增大了。数字劳动具有远程、分布、移动的特征，较少受到时间和空间的束缚，工作和生活、劳动和闲暇的边界趋于模糊。近年来，各种社交通信软件平台在一定程度上已成为工作场所的一部分。比如，谷歌、脸书等平台以数字技术为手段，通过互联网上的"圈地运动"，渗透到日常生活的各个领域，将劳动者的更多时间和空间纳入资本对劳动的剥削。对消费者个人数据的深度获取及攫取，既是资本主义商品化在数字经济时代的表征，更是消费者被剥削的体现。在这一过程中，消费者面临"生产的数据不归自己所有且终将被数据控制"的境地。超越时空限制是资本获得更多剩余价值的前提条件。在资本运动中，不但劳动时间和流通时间被压缩，而且地域空间的束缚也被减弱。随着全球范围内数据的爆发增长和海量集聚，数字技术和平台的发展压缩了时空，在时间上强化了剥削程度，在空间上则扩大了剥削程度。资本对劳动的剥削更加间接、隐蔽，成为数字经济就业领域的重要特征和趋势。

第八节 数字经济制度体系运行的薄弱环节

数字经济制度激励和约束功能的实现,即制度体系运行所产生的实际效果,总会受到人的认知和外部环境等主客观因素的影响,其制度功能的发挥会遇到一定的作用边界和条件限制。

部分制度文件缺乏必要的过渡和衔接

有的数字经济制度缺乏科学性、一致性和可执行性,对数字经济难以产生整体最大效果和政策最优组合。由于前期调研不深入、不充分等原因,有的数字经济制度文件难免带有主观判断或者部门偏见;在征求其他相关部门的意见建议时,由于沟通不畅、衔接不够,往往出现相互掣肘的情形。有的制度文件侧重于短期目标,力求用通知、办法等短期化、临时性的手段改变长期性的制度规则和习惯,不符合市场化和法治化精神，甚至造成普遍性违法、选择性执法。以上情况有可能扰乱市场预期，冲击市场信心。

数字经济制度变迁的滞后性

随着数字经济的发展，数字经济制度既有的一些功能不再发挥应有的功能，有的上层建筑不再适应数字经济生产力的发展。与数字经济的鲜活实践比较，有的数字经济制度相对保守。加上受信息成本和认知分歧的制约，制度供给和制度需求均有一定的时滞。制度一旦确立和运行，除非有环境或技术的压力，否则很难在短期内有意愿和动力做出积极的调整和改变。由于制度本身的路径依赖，初始条件对制度变迁具有极强的影响和制约。当数字经济制度体系无法及时演化变迁和自行更替时，打破现有框架、重构制度规则就成为一项紧迫的现实任务。

约束功能重于激励功能

纵观人类社会发展进程，"赏""罚"虽然成为国家和组织治理所运用的最主要手段，但"罚"的实施往往重于"赏"的运用。在数字经济的一些具体领域和环节，制度约束功能占主导，激励往往成为辅助的次要功能，完全意义上的激励制度往往较少。制度激励是数字经济主体达成和履行合约的过程，但由于利益冲突不可调和，数字经济主体间往往很难达成一致意见，相关主体能否依照激励制度所引导的方向进行行动存在不确定性，此时，数字经济制度激励约束功能的合力就很难充分发挥。

数字经济制度有效的体制机制制约

数字经济制度不够有效，主要体现在三点上。一是数字经济制度文本的内容过于宽泛，针对性不强，权威性不够，下位阶制度规则与上位阶制度规则不统一，缺乏可操作性。个别规定和内容简单参考国外的政策和制度内容，没有充分考虑现实国情和实际情况，与客观实际或数字经济参与主体的诉求不符，难以有效落地实施；二是数字经济制度仍有重复或缺位倾向，既有监管重叠，也有监管盲区，比如数据安全治理领域亟须立法予以规范，但多头立法、选择性执法等现象也有发生；三是数字经济主体寻求制度救济的积极性不高，主要由于制度实施成本过高，对数字经济制度缺乏足够的了解和信任，对制度内容的理解和认知不同，对数字经济制度的期望不高。

第四章

竞争与合作：
数字经济制度体系构建的国际背景

数字经济领域的国际竞争涉及技术标准、制度竞争等多个领域和环节。数字经济在国别间发展长期不均衡、不平衡。欧盟、美国等地区和国家在数字经济规划制度、创新制度、开放制度，以及税收监管、公平竞争、安全保障制度等方面的做法，取得了一定进展和成效，尤其在完善数据流动治理规则、推进国家税收规则改革、加强反垄断监管等领域，走在了其他地区和国家的前列，值得我国在数字经济制度系统构建的过程中借鉴参考。

第一节 优化数字经济战略规划

数字技术的跳跃式发展和普及,促进了新兴国家及时跟进。自2017年国际金融危机至今,有关国家为尽快扭转经济衰退趋势,纷纷加强数字治理,制定符合自身实际的数字经济发展战略。

经合组织:数字贸易规则的纳入

经合组织各成员国普遍把数字经济政策上升到国家战略,重点聚焦以下方面:一是提高宽带基础设施水平,提高宽带网络速度,扩大网络覆盖范围,改善宽带基础设施弹性;二是推动ICT部门发展,加大研究开发支持力度,重视标准制定和推广,吸引和扩大各类投资;三是建设数字政府,促进公共数据公开,建立完善电子档案;四是推动ICT部门与教育、医疗等部门和行业的融合,推动组织变革和效率提高,改善人口质量；五是构建网络安全，确保关键信息基础设施安全，加强数字风险管理。

实际上，数字贸易规则正被纳入更加广泛的自由贸易协定安排。2017年美国退出跨太平洋伙伴关系协定（TPP）后，其他11个国家于2018年3月签署了《全面与进步跨太平洋伙伴关系协定》（CPTPP），将TPP协定的电子商务章升级成数字贸易章。2018年9月，美国、墨西哥和加拿大达成的用以替代《北美自由贸易协议》的《美墨加贸易协定》（USMCA），其内容涵盖跨境贸易服务、数字贸易、知识产权等广泛的领域；2018年12月，东盟签署《东盟电子商务协定》；2019年10月，美国和日本签署《美日数字贸易协定》，规定了金融服务提供商的金融服务计算设施位置、数字贸易税收问题、使用密码技术的信息和通信技术产品等条款；2020年6月，智利、新西兰和新加坡签署《数字经济伙伴关系协定》（DEPA），发布数字贸易便利化、数据跨境流动与创新、构建值得信赖的数字环境等方面的特色条款（2021年11月1日，中国正式申请加入该协定）；2020年8月，澳大利亚和新加坡签署《数字经济协定》（DEA）。在2020年11月签订的《区域全面经济伙伴关系协定》（RECP）中，电子商务、知识产权、电信服务、服务贸易等数字贸易有关内容占有较大比重。以上协定成为全球范围内数字经贸规则制定的重要保障和推动力量。近年来，有关国家构建数字经济治理同盟的倾向初见端倪。比如，美国、日本、欧洲三方多次举行会谈，同意以合作促进数字经济发展，并强调通过提升数字安全来改善商业环境。

欧盟及其主要成员国："数字欧洲"的战略擘画

欧盟的数据法律规范体系日臻完善，对国际社会的数据治理产生了重大影响。建设"数字欧洲"是欧盟数字经济顶层设计的首要目标。2015年，欧盟提出"单一数字市场"，旨在推动建立一个数字产品、资本和信息服务自由流动的统一市场。欧盟认为，机器数据与个人数据同等宝贵，通过在传统行业中加入"数据元素"，"数字欧洲"有望助力传统行业实现数字化、智能化升级。为进一步整合现有成员国之前已分散推进的数字化发展战略，2016年，欧盟提出"欧洲工业数字化"战略。欧洲产业资本在人工智能、云计算等领域，正通过强大的工业基础实现技术的应用和变迁，意图缩小在消费互联时代与美国的差距。2018年6月，欧盟首个"数字欧洲"项目设立，项目拨款92亿欧元，用于超级计算机及数据处理、人工智能、网络安全、数字技术培训推广、电子政务等领域。欧盟把发展人工智能作为提升竞争力、维护安全的重大战略，发布了《欧盟人工智能战略》《可信赖的人工智能道德准则草案》《促进人工智能在欧洲发展和应用的协调行动计划》《人工智能的道德准则草案》《非个人数据在欧盟境内自由流动框架条例》《地平线欧洲》《欧盟物联网行动计划》《人工智能合作宣言》《人工智能协调计划》等，致力于在国际科技竞争中掌握主导权。在上述文件中，欧盟主要国家准确界定其在全球数字经济中的地位，针对各自发展数字经济的薄弱环节，提出推动本国数字经济发展的行动方案和具体举措，比如，重点主张开发和应用高质量的数字技术、促进数字经济包容增长、提高欧洲人工智能的竞争力、开展数字化技能培训、维护网络安全和数字时代公民基本权利等。在前述立法和指南基础上，2020年2月，《欧盟数据战略》以数字经济发展为主要视角，概述了数据领域的重要政策措施以及未来5年的投资计划，通过出台"开放数据指令"等举措，构建欧盟内部统一的数据获取和利用的治理规则框架；增强欧洲在数据储存、处理、利用和兼容方面的技术能力和设施建设；尊重并强化公民数据权利，加强数据专业人才建设；减轻特定行业和领域的数据利用行为对经济社会的负面影响。

欧盟在数字治理体系建设方面走在全球前列，但数字经济战略规划在各成员国之间的碎片化问题仍待解决。在未来的数字欧洲发展进程中，英国、德国、法国等工业强国可能继续向价值链的中高端转移，而工业基础薄弱、处在价值链低端的东欧、南欧，则可能面临"人被机器取代"的风险。

英国发布《产业战略：人工智能领域行动》《数字宪章》《国家计量战略实施计划》《数字英国战略》，通过设立研发基金，推动数字经济相关的公共基础设施扩域增量、共享协作、智能升级，帮助企业推进数字化改造，开展与互联网、大数据、人工智能等新一代信息技术的深度融合，努力建设未来的数字化强国。英国持续推进《政府数字化战略》《政府数字包容战略》《政府转型战略（2017—2020年）》，进一步加强数字政府平台建设，推动政府数字化进程，提升在线身份认证、在线支付和在线通知等功能，实现英国公民的在线身份识别。德国发布《高技术战略2025》《人工智能德国制造》《联邦政府人工智能战略要点》等。德国尤其注重产业领域的数字化转型，在政府制定的《数字化战略2025》中，构建数字化生态体系，涵盖技术研发、商业模式、基础设施、教育培训、数据安全、法制监管和政府服务等众多领域，通过推进智能互联来协助德国企业实践工业4.0战略。云计算推动德国制造业企业实现研发设计与生产制造的协同，为制造业个性化和差异化生产奠定基础。法国先后推出发展战略《2012数字法国》和《数字法国2020》，加大对数字化基础设施的投入，提高网速、降低资费，对运营商在偏远地区的运营提供补贴，发展电子商务和电子政务。2015年法国发布"未来工业"计划，旨在通过数字技术提升工业竞争力和现代化水平。

美国：数字经济技术和制度的双重优势

长期以来，美国是全球数字经济和数字贸易的最大推动者、参与者和受益者，更是数字技术、标准专利、治理规则的"领跑者"。1995年至1998年期间，美国三分之一的经济增长来自蓬勃发展的数字经济。（涂勤，1999）[1]2006年至2016年，美国数字经济年均增速为5.6%，而总体经济增速仅为1.5%。（王玉柱，2018）[2]

在数字经济领域，美国具有技术优势和制度优势。1997年《全球电子商务框架》为电子商务的发展创造有利环境；1999年《域名权保护法案》规定，域名与商标保护统一，不得冒用、非法注册或使用与他人域名相似的域名进行网上商业活动。强大的信息产业体系、健全的数字经济产业体系，以及在大数据、云计算、电子政务、人工智能等领域的政策支撑体系，助推美国保持数字经济引领者地位。在算法、芯片、数据等产业核心领域，美国处于世界领导地位。无论是1995年美国提出的《数字化建模和仿真创新战略》，还是当前的《先进制造业伙伴计划》，均把高端工业软件放在核心战略地位。美国2011年《联邦政府云战略》和2012年《联邦云计算计划》均致力于推动制造业企业将云计算等技术应用于制造场景，促进制造业的数字化转型；同时，推动数字政府建设，借助云计算提升数据共享的便捷性和政府的协调治理效率。2012年《联邦大数据研究与开发计划》和《联邦大数据研究与开发战略计划》则致力于加大对大数据的研究力度，提升生产和管理领域的创新能力，加强数据服务决策的有效性，构建国家大数据创新生态体系。2018年，在数字经济相关领域，美国发布《美国国家网络战略》《数据科学战略计划》《美国先进制造业领导力战略》等。美国联邦政府在人工智能标准制定中的作用发挥，奠定了美国在人工智能领域的全球领导地位。2019年2月，美国启动了新的人工智能计划；发布《美国人工智能倡议首年年度报告》，阐述了美国人工智能的最新进展和长期愿景，其中提出10项监管原则（公众对人工智能的信任；公众参与；科学的完整性和信息质量；风险评估和管理；收益和成本；灵活性；公平与非歧视；公开和透明；安全与保障；机构间协调）和6项核心举措（投资人工智能研发；清除人工智能创新的障碍；释放人工智能资源；促进支持美国人工智能创新的国际环境；为政府服务和任务提供值得信赖的人工智能；培养人工智能人才队伍）。2019年12月，美国白宫行政管理和预算办公室（OMB）发布《联邦数据战略与2020年行动计划》，展望了未来10年的数据愿景，聚焦数据这一战略资源，确立了一致的数据基础设施和标准实践，以及政府机构如何使用联邦数据的长期框架；同时，确定了2020年拟采取的20项关键行动，为落实联邦数据战略提供了坚实基础。

信息技术是政府提供公共服务的保障。2018年，美国先后发布《总统管理议程》《面向21世纪的政府解决方案——改革计划与重组建议》，提出运用数字技术建设现代高效的政府，对各联邦部门进行数字化改造，对公务人员开展数字化技能培训。

日本：数字经济治理的先行者

日本以加快数字经济治理为抓手，为国内经济结构升级和社会转型发展创造条件。继2001年出台《e-Japan战略》后，日本政府发布了《u-Japan战略》《i-Japan战略》，明确数字经济发展的短期方向和长期目标。近年，日本的互联网产业成为产业发展的未来方向，并立足数字经济实践提出《工业再兴战略》，发布《日本制造业白皮书》《集成创新战略》《综合创新战略》《第2期战略性创新推进计划（SIP）》等。日本把互联产业作为国家发展战略"社会5.0"（超智慧社会）的支撑产业，集中投入政策资源予以推动支持。2018年，先后发布《提高生产率特别措施法案》《"互连产业"相关政策措施的进展情况》，实施《创新活动行动计划》，创设数据共享、合作项目认定制度，健全完善数据驱动型社会的基础建设。在2015年1月制定的《机器人新战略》中，日本提出要发挥机器人在制造和技术方面的优势，建成世界领先的机器人物联网和机器人应用社会。日本的"智能云计算战略"的目标能够带动企业数字化转型，实现产业数字化、智能化升级。

俄罗斯：数字经济生态体系的初步构建

俄罗斯制定一系列推动数字经济发展的规划，并实施了一系列政策措施。具体包括2012年推出的《2013—2025年发展电子和无线电子工业国家规划》、2013年推出的《2014—2020年信息技术产业发展战略及2025年前发展前景》、2014年推出的《2030年前俄罗斯联邦科技发展预测》、2016年推出的《俄罗斯联邦科学技术战略》、2017年推出的《2017—2030年俄罗斯联邦信息社会发展战略》和《俄罗斯联邦数字经济规划》等。其中，2017年7月俄罗斯政府批准的《俄罗斯联邦数字经济规划》，将数字经济看作一个经济生态体系，认为数字技术的应用和创新正带来全新的商业发展模式，数字基础设施和数字产业构成数字经济的重要内容，由此国家保障推动数字经济发展的制度措施[3]；2018年推出的《俄罗斯联邦数字经济规划》选择数字基础设施、信息安全、监管标准、人才培养、科研能力建设等环节作为重点推进方向。

我国完善数字经济战略规划需考虑的因素和条件

从欧盟、美国、日本、俄罗斯等地区和国家制定数字经济相关规划文件的过程和内容来看，我国的数字经济战略规划制度，要明确指导思想和基本原则，着眼于提升我国数字经济竞争力，立足我国现阶段数字经济发展的实际国情，切实维护我国的数字经济发展权益和空间。

立足于本国数字经济全球竞争力的提升。各国围绕数字经济治理规则、国际标准制定等展开的激烈博弈，体现了各自的国家利益和战略考量，各国都不希望自己制定的数字经济规划政策阻碍本国数字经济的长远发展。我国要探索符合我国国家利益诉求的数字经济模式，维护本国数据规制自主权，推动以数字经济高质量发展为目标的数字经济制度体系的构建。

擘画符合我国国情实际的数字经济发展规划。各个国家无论是互联网的普及程度，还是数字化企业的市场规模，都具有很大差异。基于当前数字经济发展阶段和实际情况，在借鉴学习其他国家地区制度构建的过程中，一定要立足于解决我国数字经济发展中出现的重点、难点，不能照抄照搬，避免"水土不服"。

做全球数字经济发展的贡献者和治理秩序的维护者。由于受到国际局势发生重大变化和新冠疫情的双重影响，数字经济合作、共享发展的格局面临着严峻调整。有的国家在制定战略规划时，甚至图谋锁定后发国家的数字经济发展空间。面对百年未有之大变局，我国在规划数字经济蓝图时，应注意充分认识个别国家数字霸凌的严重后果和持久影响，主动、积极维护全球数字经济合作的大局，坚决摒弃零和博弈传统思维，坚持以推动人类命运共同体为己任，推动区域规制向多边规制演化，寻找全球发展数字经济的最大公约数，以申请加入CPTPP为契机，谋求利益共生、权利共享、责任共担的多赢局面。

第二节 在推动数字经济和实体经济融合中完善创新制度

数字经济是信息技术与实体经济深度融合的产物，大数据与人工智能是信息技术驱动实体经济发展的关键要素。发达国家的经验表明，企业是创新最活跃、成果最丰富的领域，是发展实体经济的主阵地。我国实现数字经济发展，要充分发挥企业夯实实体经济基础的主体作用，推动数字经济和实体经济互相促进、融合创新。

围绕产业需求持续探索前沿信息技术

欧洲掌握工业软件核心技术，美国则在产品市场、核心技术、知识产权、标准体系方面具有显著优势。英国设立7个先进制造研究中心，努力把握科技制高点，推进关键数字技术在新能源汽车、未来城市、精确医疗等领域的创新应用。德国把机器与互联网互联作为加快数字化发展的创新性技术，持续优化基础生产工序。美国聚焦前沿技术，重点突破，发挥信息通信、互联网和软件等优势，利用大数据、云计算、工业机器人等新一代信息技术，加快推动各行业数字化转型。以无人驾驶领域为例，美国、德国、日本的汽车厂商在自动驾驶方面的专利申请数均有所提升。

全面增强传统产业的创新动能

基于技术创新的新旧动能转换，是顺利跨越"中等收入陷阱"的"护身符"。（刘西友，2020）[4]各国在大力发展高科技主导的战略新兴产业的同时，带动传统产业和企业实现向高科技的历史性跃升。在日本，发展数字经济既是弥补劳动力不足、解决制造业现实困难的必然选择，也是重塑以数字经济为基础的新经济结构体系的唯一路径。日本合成纤维生产企业东丽集团顺应时代发展趋势，自觉创新，实现了向新材料行业高科技企业的变革，实现了自身的高质量发展。韩国加大基础研究和技术创新的力度，全要素生产率得以持续提升，顺利跨越"中等收入陷阱"后，很快进入发达国家行列。德国通过有效的产业结构升级，提升了制造业的产能利用率。俄罗斯在推动传统经济数字化转型方面拥有广阔的空间和前景，正从单一的、拥有相对雄厚科研能力的ICT产业向电子商务、数字媒体和工业控制领域延伸。

竞相推动制造业数字化转型

全球正处在从工业经济向数字经济转型过渡的大变革时代。随着物理世界和数字世界间界限的逐渐模糊,物理制造和数字制造的界限也日渐模糊。数字技术正贯穿于设计、生产、管理、销售、服务等各环节,制造业数字化日益成为拉动实体经济增长的核心动力。在工业互联网、工业4.0等理念的驱动下,制造业数字化转型成为国际竞争的重点和焦点。在德国、韩国、美国、英国、日本、法国、墨西哥、加拿大、巴西、意大利等国家,数字经济与制造业融合发展的程度较深,尤其德国制造业的数字化发展居全球领先地位。从行业看,电子机器设备制造业、机械设备制造业、采矿业等工业领域的数字化程度较高,成为制造业数字化较快发展的主要动力。工业互联网成为各国制造业数字化转型的重要方向。从全球看,美国、欧洲和亚太地区成为工业互联网的三大聚集区,有关国家具有显著优势。美国把握制造业产业链高附加值环节,聚焦开发和转化新型制造技术,将先进制造业、人工智能等列为政府支持重点,不断增强制造业供应链的实力。日本把互联工业作为制造业发展的战略目标,推动建立本地化互联工业支援体系；通过连接设备、系统、人员、技术等，创造新的附加值，实现企业间互联互通，持续提升全行业的生产效率。

对推动我国数字经济和实体经济融合的启示

传统产业改造升级有利于增强国际竞争力，实现自身的高质量发展。大数据与实体经济融合是未来数字经济发展的重要方向。我国应结合新一代信息技术的创新发展，引导传统产业找到最适合自身的升级路径，实现理性发展、有序发展、特色发展和跨越式发展。

我国制造业的数字化转型、网络化重构和智能化水平与美国、德国、日本等国家比较仍存差距，仍有较大的改进空间。虽然我国的综合国力大幅超过日本，但我国的数字经济发展质量仍逊于日本。[5]应统筹信息化带动工业化与工业化促进信息化两条基本途径，发挥资本深化与知识深化的交互作用，加大对制造业数字化转型、网络化重构和智能化提升的研发投入力度，不断积聚基于技术创新的数字经济内生增长动能。

第三节　强化数字经济开放制度对促进数据流动的推动作用

由于不同国家、地区间的数字经济发展不平衡，后发国家或地区对无限制的数据跨境流通持有所保留的态度，甚至采取"防御型"数据规则，制定有利于自身发展的跨境数据流动规则，为本国数字经济发展营造有利的竞争环境。发展中国家侧重数字基础设施、数字化转型、电子商务等传统领域的合作，发达国家则将标准和规则制定、数据隐私、网络安全等作为开展合作的重点领域。关于数据共享的义务，欧盟和美国的态度泾渭分明，但也曾有过共识。作为国际上第一个规制跨境数据流通的国际协议，《安全港协议》曾长期为欧盟和美国的跨境数据流通提供重要索引和指南。欧盟和美国在《安全港协议》失效后，为了解决美国跨境获取欧盟个人数据的合法和监管问题，于2016年达成《隐私盾协议》。然而，《隐私盾协议》于2020年7月被欧盟法院判定无效，反映了欧美在跨境数据流通方面的严重分歧。

第四章 竞争与合作：数字经济制度体系构建的国际背景

欧盟提出"把数据留在欧洲"的数据安全理念，支持数据在欧盟境内自由流动，以消除区域内数字壁垒。为此，先后发布《通用数据保护条例》(GDPR)[6]《建立一个共同的欧盟数据空间》《非个人数据在欧盟境内自由流动条例》等，以推动建立单一的欧洲数字市场。对欧盟来说，如果过度监管互联网平台，会影响其更好地利用信息技术，延缓数字创新与经济转型。美国作为规则的引领者和塑造者，从保护自身商业利益出发，以技术中性为基本理念，极力倡导国际层面的数据跨境自由流动。美国大力支持其掌握核心信息技术的跨国企业在全球扩展，谋求数据自由流动，同时严格保障特定领域的数据安全，应对国家安全和高科技技术扩散等领域的风险挑战。

欧盟、美国、澳大利亚对数据管辖均有明确的立法规定，不但扩大了政府获取数据的权力，而且将执法权延伸至境外（"长臂管辖"）。为保护成员国公民的个人隐私数据，2018年5月，在欧盟范围内生效的《通用数据保护条例》规定，可以管辖欧盟之外向欧盟居民提供服务的企业。2019年12月，日本发布《关于数字平台与提供个人信息的消费者进行交易过程中滥用优势地位的指南》，将消费者的数据隐私保护纳入《独占禁止法》保护框架。美国《澄清境外数据合法使用法案》(CLOUD Act)增强了美国执法机构获取境外数据的能力，采用"实际控制标准"代替"数据存储地标准"，设计了执法机构跨境访问、获取、调用数据的规则机制。由于美国占据全球数字经济的高点，其放松数据跨境流动限制，将导致其他国家的数据资源流向美国。2020年1月，美国的《加利福尼亚州消费者隐私法案》（CCPA）生效，监管范围涵盖所有和美国加利福尼亚州居民有业务的数据商业行为，监管标准虽然比欧盟的宽松，但其处罚力度更大。此外，澳大利亚众议院通过《反加密法案》，赋予执法机关强制获取外国公司在澳数据的权力。

对我国来说，应坚持网络空间命运共同体理念，依托自身在联合国、世界贸易组织（WTO）等国际组织中的影响力，倡导更为开放包容的数据跨境流动规则。构建基于国际规则的数据跨境流动国际合作体系，推动多边机制发挥更多作用，早日正式加入《数字经济伙伴关系协定》（DEPA）[7]，在推动数字经济健康发展的同时，兼顾缩小各经济体间的"数字鸿沟"。一方面，借鉴美国政策对降低企业网络运营成本、支持企业发挥资本规模优势的做法，推广贵州省数字丝路跨境数据自由港建设经验，拓宽国际数据的联结渠道，并探索建立具有域外效力的数据法治体系；另一方面，从欧盟加强数据跨境流动管控中获取灵感，保护数字经济中的初创产业，统筹好数字经济的健康发展和规范发展。围绕美欧数据跨境流动监管理念的明显分歧，提出各方认可、与我国数字经济发展相符的数据跨境流动监管策略体系。

第四节 以国际税收规则改革为抓手健全税收征管制度

在跨国数字企业征税问题上,各国就如何修改国际税收框架尚未达成共识。构建公平、合理和统一的国际税收关系,成为亟待解决的重要议题。

为适应经济全球化和数字化发展,世界贸易组织于1998年发布《全球电子商务宣言》(DGEC),承诺对电子数据传输暂时免征关税,但这不足以应对新型数字贸易壁垒。2019年1月起,为制定数字经济尤其是数字贸易领域的国际规则,世界贸易组织围绕电子数据传输的免关税及数字税征收、限制跨境数据流动、源代码及算法规制等关键争议问题,发起"电子商务诸边谈判"。

经合组织是推进多边税收规则制定的推动者和引领者,长期致力于探索对数字经济税收规则的重塑,其成果具有系统性、代表性和共识性。2013年2月,经合组织在《关于解决税基侵蚀和利润转移问题》报告中指出,为达到人为规避常设机构构成的目的，跨国企业以非独立代理人的形式开展经济活动，严重侵蚀了各国税收管辖权。为解决基于"实体存在"的传统征税依据不适应"数字时代"的问题，2014年，经合组织力推实施预提税（消费者因购买数字产品或服务而向境外企业付款时，消费者所在的国家向企业征收的预提所得税）。2015年10月发布《应对数字经济的税收挑战》，提出基于显著经济存在概念建立新的课税连接点、预提所得税和均衡税三种课税方法；2017年以来，经合组织酝酿出以"用户参与、无形市场、显著经济存在"为核心的数字服务税标准；2018年发布《经济数字化的税收挑战——中期报告》，提出价值链、价值网络和价值商店三种价值创造模式；2019年10月，初步厘定"数字服务税"四原则，即以数字经济作为征税范畴，以实际销售情况作为征税依据，部分保留"转移定价"规则，保证"税收的确定性"。2020年1月，经合组织发布《关于以双支柱提案应对经济数字化税收挑战的声明》[8]，提出在2020年底前解决联结度规则、向市场国征税权、利润分配规则等重点问题，力求在包容性框架下，围绕支柱一下"统一方法"的总体框架达成共识。2020年10月，经合组织发布了一系列与解决数字经济带来的税收挑战项目（BEPS2.0项目）相关的主要文件，涉及支柱一（关于新的联结度规则和新的利润分配规则）和支柱二（关于新的最低税率规则），但包容性框架在2020年没有达成一致协议。2021年7月1日，BEPS包容性框架发布《关于解决经济数字化带来的税收挑战双支柱方案声明》；2021年7月10日，G20财长和央行行长会议闭幕时发布的公报包含了该声明，并表态赞同。

当前，数字经济下国际税收规则改革方案主要有三：一是英国和欧盟提议的数字服务税方案，即对特定数字公司征收3%的营业税；二是将征税权更多分配给市场所在地（来源国）方案；三是德国、法国等提议的"最低有效税率"方案，得到国际货币基金组织、经合组织、美国、荷兰等国家的支持。在"最低有效税率"方案中，当企业的有效税率在企业所在辖区过低时，则由居民国或来源国补征最低税。该方案有取代个别国家和地区的单边解决方案的趋势，但方案的落地实施仍面临挑战，如何设定合适的最低税率，如何协调国际统一行动，如何准确测算境外收入的实际税负，如何解决举证责任倒置问题等，仍需要在实践中加大探索力度。近年来，以色列采用了数字化常设机构规则，非居民即使缺乏物理存在，但只要与以色列的消费者开展数字化交易，并在以色列市场构成显著活动的，即被视为该国境内的常设机构；印度在采取预提所得税等单边课税措施的基础上，基于显著经济存在的概念，拟对跨国数字企业进一步课税。

美国曾以零税收方案，鼓励和帮助企业发展互联网商业应用；欧盟侧重于以财政政策和相关的产业政策来促进数字经济发展，在税收政策上力求与其他产业保持平等、透明。为提高欧盟和成员国公共财政的可持续性，塑造数字企业与其他企业间的公平税收环境，打击侵蚀税基的税务筹划，欧盟力推数字服务税，但协调进度缓慢。针对跨国数字企业征税的规则制定，以美国为代表的数字经济输出国与欧盟等数字产品和服务的消费国存在利益博弈。2020年6月，由于双方的数字服务税谈判未能取得实质进展，美国宣布谈判暂停。

在法国，亚马逊、谷歌等互联网公司借助市场强势地位和税基转移，在收集大量用户的隐私信息后，将其用于商业活动中，并以广告收入等形式赚取巨额利润。为了保障税收公平，保障法国本土企业在竞争中处于公平地位，并避免损害税收利益，2019年7月，法国参议院投票通过法律草案，拟向跨国互联网企业征收数字服务税。[9]法案实施前，大型互联网企业在法国纳税总额不足5000万欧元；法案实施后，法国政府2022年数字服务税收入有望达到6.5亿欧元。然而，美国方面认为，其他经济体基于对抗美国的数字霸权才考虑对数字企业征税，法国数字服务税主要针对的是处于全球数字服务领域领先地位的美国科技公司。为此，美国依据《1974年贸易法》第301条款，对法国的上述法案发起调查，以评判该法案是否具有歧视性，是否对美国科技公司有失公平。随后，美国贸易代表办公室认定法国的数字服务税"歧视"美国互联网企业，并威胁对从法国进口的葡萄酒等部分商品征收100%的报复性关税。2020年1月，双方终于同意在经合组织框架下就数字服务税收规则进行多边谈判，但于2020年6月宣布退出谈判。自2020年12月起，法国恢复对大型互联网企业征收数字服务税。

日本、韩国、澳大利亚、新西兰、冰岛、南非、阿尔巴尼亚等国家也探索在即时通信、搜索引擎、在线视频、社交媒体等领域，征收数字服务税。自2020年4月起，英国对全球销售额超过5亿英镑且至少有2500万英镑来自英国用户的企业开征数字服务税。

在比特币定性问题上，美国认定比特币等虚拟货币为"财产"而非"货币"，拟对虚拟货币交易进行征税；德国政府则是全球第一个认可比特币的法律和税收地位的国家；法国、俄罗斯等国家对比特币持反对态度，认定其违法。在中国，唯一的法定虚拟货币为中国人民银行发行的央行数字货币，比特币没有法定货币地位，但没有否认比特币作为一种商品的合法性。

从以上叙述可以看出，随着各国数字经济及其税收征管顶层设计的渐序调整，我国面临的国际税收环境正处于深度变革阶段。对包括中国在内的任何一国来说，国际层面的反避税机制和实践带来了较多积极影响,但当前的国际税收规则仍然无法全面应对跨国企业的避税行为,无法为各经济主体营造良好的竞争环境。随着数字经济规模和影响的逐步扩大,其引发的税收挑战日益严峻,甚至激化了西方发达国家间的利益冲突,也隐含着发达国家和新兴经济体间的利益博弈。我国应高度重视数字经济相关的税收规则竞争,抓住国际税收改革的窗口期,努力抢占先机,争取和掌握税收规则主导权和制定权,防范单边税收保护主义损害我国利益,重视国外数字服务税对我国数字企业构成的税收风险。依据我国现行税制,以数字经济税收征管制度改革为抓手,结合我国数字经济税收征管面临的挑战,合理衔接当前减税降费的税制改革目标,夯实我国稳外贸和稳外资的支撑力,持续打造市场化、法治化、国际化营商环境。从人类命运共同体理念出发,主动吸收和借鉴他国税收征管制度改革的经验,倡导开放包容、求同存异、互学互鉴原则,立足"一带一路"、《区域全面经济伙伴关系协定》等平台,加强区域各国税收全面协调,提出有效平衡各国税收权益的中国方案,探索建立区域税收合作组织,建立跨国税收争议协调机制,促进各国税制有效衔接,促进各国数字经济共同发展。

第五节 实施严格的反垄断规制

因数字经济的产业发展不平衡及制度差异,各国在反垄断规制理念和执法方式上有所差别,但普遍注重维护国家利益,强调拓展监管思路,创新分析工具,开展灵活执法。在反垄断等政策工具运用方面,欧盟加大了对硅谷公司在欧洲业务的监管。[10]欧盟在数字领域注重保护消费者和中小企业竞争者权益,相应的反垄断规制措施较美国更为严厉。对谷歌、微软、亚马逊、脸书等超大型平台企业,美国基于保护创新考虑,整体上持包容、审慎的监管态度。鉴于此,相关平台企业的成长空间较大,在技术研发、商业模式、用户服务等方面不断创新发展。美国加利福尼亚州通过的《加利福尼亚州消费者隐私法案》规定,共享的个人数据也受到法律保护。欧盟、美国、日本、印度、澳大利亚等地区和国家相继出台了数字经济领域竞争政策的指南。澳大利亚构建"消费者数据权",制定统一的涵盖各种数据类型和相应传输安全协议的行业规范。一方面，给予消费者更多的数据控制权；另一方面，最大化地为企业提供激励机制。值得关注的是，如今，全球范围内的反垄断监管有所加强，不但没有导致相关行业、企业凋敝，反而促进了相关平台企业巨头做强核心业务，激发了新的数字企业的诞生和成长，为整个行业带来强劲活力。

我国凭借跨境电子商务优势，已跻身数字经济大国行列。应借鉴相关国家和地区的经验，预判美国等国家反垄断范式的发展趋势，建立健全多层次的数字经济竞争规制体系。坚持将提升消费者福利作为立法核心价值追求，提高已出台反垄断法的解释水平和适用范围，从根源上限制过度滥用自身相对优势地位的行为。在世界贸易组织的框架下协调反垄断政策与贸易政策，做好反垄断政策与产业政策等其他政策的衔接，处理好反垄断和鼓励创新的关系，协调行政执法和司法裁判间的关系。同时，针对不同平台企业的类型和特征，制定精细化的监管措施，实现精准施策、分类监管，提高其反垄断执法的专业性与权威性。我国的数字经济主体尤其是平台企业，既面临跨国企业的激烈竞争，也接受其他国家的反垄断监管。应研究出台个别国家以"反垄断"之名滥用"长臂管辖权"的阻断措施，指导相关企业熟悉国外反垄断条款，不断调适自身发展思路，切实维护自身合法权益。

第六节　提升数字经济安全保障制度成效

有关国家和地区重视发挥数字经济安全保障制度的效力效果，不断加强网络与信息安全。美国制定《国家网络战略》《网络漏洞公开报告法案》《网络安全战略》《2018网络威慑与响应法案》等，以保护美国的政治安全、经济安全和关键信息基础设施免受侵害；加拿大升级《国家网络安全战略》，指导加拿大政府保护加拿大公民的数字隐私和安全；澳大利亚的《数据泄露通报法案》确立了强制性的数据泄露通报制度。同时，各国普遍重视关键信息基础设施安全，通过出台政策、制定标准、设立机构等举措，进一步增强对关键信息基础设施安全的防护力度，不断加强网络安全战略部署。为保障卫生、交通、电力等关键行业基础设施的安全，欧盟颁布"网络与信息安全指令"（NIS），要求欧盟成员国建立国家网络安全战略、成立计算机安全事件应急小组，出台《提升关键基础设施网络安全框架》《能源行业网络安全多年计划》，加紧构建关键信息基础设施保护体系。

在加强网络内容治理日益成为全球普遍共识的背景下，虚假信息及其治理受到各国高度关注。为打击选举期间的"信息操控"，2018年12月，法国进行了专门立法，出台了《反假信息操控法案》；2019年10月，新加坡《防止网络假信息和网络操纵法案》正式生效，赋予政府评判信息真假和要求更正或撤销信息的权力。为防止社交平台传播暴力内容而冲击社会秩序，2019年4月，澳大利亚通过《分享重大暴力内容》刑法典修正案，禁止社交平台等网络服务提供商展示重大暴力画面，否则将因此被刑事起诉。这些举措均为强化数字经济治理提供了借鉴和参考。

2020年9月，我国提出《全球数据安全倡议》[11]，就推进全球数据安全治理提出了中国方案，旨在以开放包容姿态推动全球数据安全治理，积极营造开放、公平、公正、非歧视的数字发展环境，与各国共商应对数据安全风险对策，共建数字治理之道，共享数据安全成果。下一步，应合理兼顾审慎性和包容性，平衡国家数据安全和经济发展利益，建立健全数据安全与产业利益联结机制，继续严格实施苹果、特斯拉等跨国公司将数据存储和计算设施建在我国境内的要求，禁止其向境外随意传输数据。建立数据跨境流动的分级分类审核机制，探索自由贸易试验区数据规制建设进程，强化数字贸易条件下的数据安全能力建设。建立行业组织为主导的安全评估机制，持续夯实网络信息内容服务平台的信息内容管理责任，塑造积极健康的网络生态环境，积极推动网络生态多元共治，通过加大事后处罚力度遏制虚假信息的传播。

第五章

激励与约束：
数字经济制度体系的运行前景

持续优化发展数字经济的制度环境，需要同时发挥制度体系的激励和约束功能。针对数字经济制度体系建设中的薄弱环节，在完善产权制度、规划制度、创新制度和开放制度的同时，应发挥税收征管、公平竞争、测度考核和安全保障等制度的约束作用，构建激励约束相容的数字经济规则体系，营造开放、健康、安全的数字经济生态。

第一节 数字经济制度体系激励功能的发挥

响应数字经济参与主体的激励需求，适度扩大数字经济制度激励发挥作用的范围，在产权制度、规划制度、创新制度和开放制度等方面，增设和完善具体而多元的制度措施。

夯实数字经济产权制度的基础性作用

建立健全产权交易制度是数字经济发展的基础性和决定性因素之一。产权制度和交易制度的有效性和合理性，决定了价格体系的合理性和价格调节的有效性。

（一）产权激励

加快建立数据资源产权、交易流通等基础制度和标准规范。统筹数据开发利用、隐私保护和公共安全，探索建立网络空间、无线电频谱、卫星频轨等非传统资源资产产权制度，明确不同数字资产的使用权、收益权和转让权。培育规范的数据交易平台和市场主体，建立健全数据要素市场规则，发展数据资产评估、登记结算、交易撮合、争议仲裁等市场运营体系，有序推进数据开放、数据确权与交易。加强对合法私有产权的司法保护，完善政府守信践诺机制，同等对待、同等保护各类所有制数字经济产权。

（二）数字经济科研成果转化的动力机制

设立专项基金，资助世界范围内著名大学的著名学者及其研究项目，借鉴美国《拜杜法案》[1]的成功经验，保障研究者享有政府资助数字经济科研成果的专利权。探索开展数字经济所涉及的无形资产的抵押贷款，推动金融机构探索以无形资产为抵押物的信贷业务。

（三）瞄准数字经济发展需求的知识产权制度变革

加快修改、完善数字经济法律法规，让知识产权保护的法律制度更加有效，为数字经济发展提供良好的制度环境。完善开源知识产权和法律体系，以法定、规范的方式加强对开源软件版权等知识产权的保护，在加强企业商业秘密保护的同时，鼓励企业开放软件源代码、硬件设计和应用服务。加强对软件著作权等知识产权的保护和管理，明确数字内容著作权保护的程序，对互联网提供商的初始通知和报告义务等做出规定。

提升数字经济规划制度的法制化、科学化水平

以经济高质量发展为战略指引,主动把握新一轮科技革命战略。落实好《新一代人工智能发展规划》,不断构筑人工智能先发优势,把数字经济作为技术创新、产业变革和经济转型的战略支点,重视政府数字化转型,前瞻性制定数字经济战略规划,积极构建以跨境数据流动、知识产权保护、征税体系、信用建设等为核心的数字交易和贸易规则,明确数字经济发展的时间表、路线图和任务书,有效应对全球围绕数字经济治理规则博弈加剧的严峻形势,为全球数字经济规则的创新贡献中国智慧和方案。

(一)突出规划制度构建的重点领域

结合国情实际,借鉴欧美国家、日本等推进数字经济制度规划领域的经验教训,集聚我国数字经济发展的后发优势,重视加强规划与财政、货币、产业、区域、社会等政策的协调。运用移动互联网等信息技术建立资源网络,整合存量工业园区和经济园区,加快建设高新区等创新核心区;进一步加大减税降费力度,落实研发费用加计扣除、研发设备加速折旧、高新技术企业认定、政府采购等优惠政策,不断完善专利盒制度[2],加大技术转让环节的税收优惠力度;拓宽资金扶持渠道,完善风险投资制度,发挥政府性投资基金的引导作用,发挥科创板

资本优势，引导资本流向数字经济前沿基础领域；持续优化营商环境，发挥金融科技服务能力较强的市场化征信公司的平台作用，支持将区域中小企业信用评价体系纳入征信体系，利用大数据解决中小微企业融资难等问题。

（二）促进数字经济规划有序衔接过渡

加强数字经济发展规划的设计能力，充分发挥政府在数字经济各专业规划领域的引导作用。围绕落实《国民经济和社会发展第十四个五年规划和2035年远景目标纲要》，统筹修订《国家新型城镇化规划（2014—2020年）》《关于促进智慧城市健康发展的指导意见》《关于积极推进"互联网+"行动的指导意见》《关于运用大数据加强对市场主体服务和监管的若干意见》《关于深入实施"互联网+流通"行动计划的意见》《关于促进和规范健康医疗大数据应用发展的指导意见》《关于深化"互联网+先进制造业"发展工业互联网的指导意见》《关于发展数字经济稳定并扩大就业的指导意见》《关于推进"上云用数赋智"行动培育新经济发展实施方案》《北京市促进数字经济创新发展行动纲要（2020—2022年）》《数字乡村发展战略纲要》等，实现数字经济规划制度体系的及时更新和均衡发展，以驾驭数字经济实践中的挑战和不确定性。

（三）推动数字经济规划制度纳入法制框架

将数字经济规划的前期研究、衔接协调、颁布实施和评估调整等程序性规定和经验规律，以法律、法规、规章等形式规定下来。明确数字经济规划编制的上位法、编制主体、审批主体和实施期限，减少各地区、各领域数字经济规划工作的随意性，推动规划编制程序更加科学、合理。

增强数字经济创新制度的创新效果

努力掌握数字经济领域的核心关键技术，以互联网思维重构生产要素，促进形成良好的竞合关系，实现人才、技术、数据等创新要素的良性竞争，形成密切的协作分工体系，构建集群、协同、高端的区域自主创新体系。

（一）强化新型基础设施建设和深度应用

建成融合、协同、智能、安全、开放的大数据基础设施。有效发挥数据在创新技术技能、提高生产效率等方面的作用，构建有利于大数据和虚拟现实技术、元宇宙、新一代人工智能等融合的体制机制。深化5G信息通信技术全球合作，密切新一代信息通信技术与实体经济的融合，加快推进6G技术研发工作，利用区块链技术不断降低交易成本。在重点行业和区域建设若干国际水准的工业互联网平台和数字化转型促进中心，深化研发设计、生产制造、经营管理、市场服务等环节的数字化应用。推广粤港澳大湾区大数据中心的建设经验，加快实施全国一体化大数据中心建设等重大工程，加快布局区域数据中心集群和智能计算中心，盘活政府已有数据中心和社会化数据中心资源。实现跨行业互不相连数据的互联互通，连接被分隔在各企业、部门的数据，把机器人和人工智能对接起来。利用上海自贸区、海南自由港等制度创新优势，探索建设辐射全球、开放共享的国际数据港，推进互联网跨境数据有序、安全流动，参与引领数字经济领域的国家交流合作。

重视人工智能、大数据、区块链、云计算等新技术的推广和应用。加快建立全球人工智能中心，打造具备国际领先水平的人工智能新型基础设施，保持在深度学习、神经网络、语音交互、图像识别、生物识别、机器视觉、自动驾驶等领域的竞争优势。推动流程再造和体制重构，丰富数字工厂、数字生活等数字化场景。构建创新主体的共享和信任网络，支持数字技术开源社区等创新联合体发展，形成创新共享的生态和逻辑。在智能交通、智慧物流、智慧能源、智慧医疗等重点领域深化探索，广泛连接科研院所、高校、企业和居民，促进产与城的融合，需与供的对接。分级分类推进新型智慧城市建设，将物联网感知设施、通信系统等纳入公共基础设施统一规划建设。

推行大数据产品和服务创新。培育信息技术产业链、产业基地等新的模式和业态,推动信息产品消费和新型基础设施建设的协调发展。构建城市数据资源体系,推进城市数据大脑建设,融合多元异构数据资源,探索大数据在食品安全、社会保障、社会治安、交通出行等领域的应用。健全大数据辅助科学决策和社会治理机制。培养运用大数据进行预测、决策和创新的文化氛围,倡导尊重数据、用数据说话和解决问题。

培育大数据征信、评估和融资等业态,开展大数据交易市场试点和衍生品交易试点,加快形成全球有影响力的大数据交易市场,打造国际一流的综合性大数据交易服务平台。优化存量设施和数据资源,推进全国大数据中心和灾备中心建设。

(二)持续推动核心前沿技术研发

核心技术、原创性技术、颠覆性技术受制于人,是当前制约数字经济发展的最大隐患。应正确理解自主创新的内涵和外延,力推站在别人的肩膀上的创新,减少封闭式、重复性的自主创新。坚持重点跨越、支撑发展、引领未来,加强国家创新体系建设,增强算法算力支撑和软硬件配套能力。强化基础研究、应用基础研究和原始创新,深化基础算法、装备材料等研发突破和迭代应用。面对技术差距,应激发理性自强的心态与能力,加大对核心高科技领域技术的基础研发，加强芯片制造、封装测试、装备制造等环节的产业布局。优化云计算产业发展战略，加快推进数据处理、数据存储和数据交换三大计算单元间的创新融合，实现人工智能领域算法、人工智能芯片等垂直一体化整合，以及自动驾驶领域计算芯片、激光雷达等传感硬件与高精地图、核心算法的加速整合，最大限度释放数字孪生技术红利。通过自力更生掌握通用处理器和云计算系统核心技术，着力提升原始创新和集成创新能力。从更大层面统合科研力量、实现集中攻关，推动高性能计算、移动通信、量子通信、神经芯片、DNA存储、操作系统、人工智能关键算法、传感器等的研发和应用取得重大突破，着力攻关工业技术软件化、工业控制系统、虚拟仿真、智能数控系统等技术难题。完善下一代互联网根服务器运营规则，为在全球部署下一代互联网根服务器做好准备。

（三）完善以企业为主体、产学研相结合的创新体系

改革科技管理制度。健全科技伦理治理体制，创造鼓励创新、激励创新、宽容失败的数字经济创新制度文化。

促进创新主体与风险投资相互依存、协同共生。优化"风险共担、收益共享"的创新政策，健全技术转移与成果转化的收益分配制度，实现技术、资本、人才、管理等创新要素与创业企业有效结合。用好用足"大众创业、万众创新"的政策红利，促进具有不同融资能力的企业与多层次资本市

场的有效对接。

打通科技创新链条上的诸多体制机制关卡，砍掉有碍于释放创新活力的繁文缛节。修改废止有悖于激励创新的陈规旧章，攻克科技成果向现实生产力转化不力、不顺、不畅的痼疾，解决创新主体功能定位不清晰、科研力量分散、资源配置重复等突出问题，畅通创新要素流动渠道。提升通信设备、核心电子元器件、关键软件等产业水平，鼓励企业开放搜索、电商、社交等数据，发展第三方大数据服务产业。

（四）把人才资源开发放在科技创新优先位置

最大限度激发科技工作者和企业家的潜能。以企业家精神引领创新发展，为企业家创新预留更多空间，发挥其经济增长动力源泉的核心作用，将数据资源要素从产出较低的领域向较高处转移。

改革人才培养、引进、使用等机制。注重培养一线创新人才和青年科技人才，努力造就一批具有世界水平的工程师、科学家、科技领军人才和高水平创新团队。弘扬追求卓越、精益求精的工匠精神，鼓励技术工人不断改善技术和工艺。推动人力资源自由有序流动，加大高技能人才激励力度。完善人才评价指挥棒作用，赋予科研人员成果所有权，为科技人才充分实现自我价值创造良好条件，为数字经济人才发挥作用、施展才华提供更加广阔的舞台。

加快构建更具全球竞争力的人才制度体系。突出高、精、尖、缺导向,抓住开放学习、引进和利用人才这个自主创新的关键,多措并举发现和挖掘潜在的科学家和人才。完善海内外高层次人才信息库,健全海内外人才联络机构体系。鼓励海外留学人员回国创新创业,以超常规和务实灵活的政策鼓励世界各国的优秀数字经济人才来华就业创业,拓宽外国人才来华绿色通道,为其在华从事数字经济活动提供薪酬(及所得税减免等)、工作转换、户口、房车、子女入学等便利条件。积极主动地整合和利用好全球创新资源,实现人才的素质、理念、竞争力等与国际接轨。

(五)加快数字经济时代的教育改革

借鉴日本、美国、加拿大等国经验,完善儿童教育、基础教育、高等教育、职业技术教育、继续教育统筹协调发展机制,培育出既懂信息技术又懂各领域专业知识的复合型人才,从根本上提高劳动者相对于机器的比较优势,增强应对"机器换人"挑战的能力。在中小学通识教育中,加大信息技术相关课程的推广力度,进一步增强网络化、数字化基础知识培养,提升学生的数据思维和数据分析能力,为我国数字经济跨越式发展做好充足的人才储备。

着力培育数据工程师等专业人才和兼具多学科知识的复合型人才。以重大研发和产业化项目为载体,加强数字经济领域关键技术研发的人才储备。构建服务全民终身学习的教育体系，将数字经济前沿技术和课堂传授知识结合起来，大力发展在线教育，借助互联网弥补农村教育短板，为农村教育发展提供新解决方案，促进教育均衡发展。借鉴德国双元制职业教育的经验，健全数字经济职业技能培训制度。鼓励企业等社会力量举办数字经济技能培训和职业教育，解决好劳动力素质、结构与数字经济发展不相适应的问题。

用好数字经济开放的制度红利

开放共享是互联网的最大特性。数字经济发展必须在更加开放的条件下进行。跨境数据流动推动生产者和消费者能够获得最好的技术、产品和服务，加快经济全球化进程。构建网络空间命运共同体成为推动全球和区域一体化的新机制，正在推动全球经济结构和贸易结构发生历史性变革和重塑。我国经济与世界经济已经深度融合在一起。新一轮科技和产业革命日新月异，全面深化改革持续推进，各国经济社会发展日益相互联系、相互影响，这些有利因素为数字经济开放制度提升国际竞争力带来了新机遇。

（一）鼓励企业主动参与国际分工

大力鼓励数字经济独角兽企业和平台经济主体"走出

去"。加快构建跨国的产业链和分工体系，获取政府机构、商会协会、专业机构及各类民间团体的协助和支持，深化对"一带一路"地区的金融支持，优化投资环境，加强风险管控和安全保障。推动企业赴海外上市，形成富有竞争力和吸引力的数字经济开放体系。推动平台企业深度参与国际竞争，倒逼相关数字企业完善现代企业制度，加强合规管理，提高国际化经营水平。

支持数字产品抢占全球市场，加快培育外贸新增长点。推动创造公平竞争营商环境，敦促西方国家在外资安全审查中公平对待中国企业，停止出台任何新的投资限制措施，尽快明确中国企业提供电子支付服务的市场准入要求，深化知识产权保护领域的合作，加强保护中国知识产权。

（二）继续加大自主开放力度

创造更有吸引力的投资环境，落实金融和制造业开放举措，大幅放宽市场准入。提高利用外商直接投资的质量，在行业分布、地区分布、利用形式、外资来源等方面，加强质量控制。与西方主要经济体深入交流服务贸易议题，开展跨境服务贸易进一步开放试点工作，立足海南自贸区采取进一步扩大现代服务业开放的举措。

（三）推动构建网络空间命运共同体

更加注重推动由商品和要素流动型开放向规则、规制、管理、标准等制度型开放转变，形成统一、公平的全球数字贸易规则。推动以联合国为主渠道、以《联合国宪章》为基本原则制定数字和网络空间的国际规则，使之更加法治化、市场化、规范化、便利化、高端化和国际化。加快与国际高标准通用规则对接和趋同，提升和完善我国的经贸标准和规则，通过市场力量自发实现高标准规则建设、高水平对外开放和数字经济高质量发展。利用世界贸易组织多边谈判体制，积极引导设置数字贸易壁垒议题，结合《服务贸易总协定》（GATS）已有成果，细化数字贸易负面清单管理模式、市场准入和国民待遇等原则，开展适应数字经济发展的新型贸易规则的谈判。增强在国际数字贸易治理体系中的话语权。探索推动中墨（墨西哥）、中加（加拿大）、中欧、中日韩等自由贸易协定，做好《区域全面经济伙伴关系协定》实施的国内对接和持续保障工作。

（四）更加积极地开展国际交流合作

加快推进数字经济国际合作示范项目和示范工程，从我国现实需求和发展需求出发，探索共建联合实验室和国际技术转移中心，有选择、有重点地参加国际大科学装置和科研基地等的建设和利用。完善国际开发合作体系框架，积极参与国际发展援助，运用多边协商平台深化国际发展合作，在亚洲基础设施投资银行项目当中分享中国技术、知识和经验，更好地促进发展中国家可持续发展。积极参与数字经济相关国际规则和国际标准制定，提升我国在全球数字经济治理体系中的主动权和话语权。

（五）推动中美两国深化数字经济领域的合作

积极引进美方数字经济领域的高质量生产要素，主动扩大进口、补齐短板，取长补短，互相借鉴，提高自力更生的能力。以新型基础设施为桥梁纽带，加强中美双方在能源、农产品、医疗、高科技产品、金融等领域的数字贸易合作，促进中美贸易平衡，采取有效措施实质性减少美对华贸易逆差。健全由中美数字经贸领域专业人士组成的民间协会，定期举行会议，增进了解，增强互信，促进中美两国在数字经济领域深化合作。

第二节 数字经济制度体系约束功能的发挥

在发挥数字经济制度激励功能的同时，切实发挥税收征管制度、公平竞争制度、测度考核制度和安全保障制度等数字经济约束制度的规范和引导功能。

完善数字经济相关的税收征管制度

数字化的信息和服务已成为各国激烈争夺的重要税源。最优的数字经济征税体系致力于完善常设机构规则和利润分配规则，其中，前者用以捕获表征"数字存在"的常设机构，后者用以根据用户对价值创造的贡献而向该常设机构合理归属利润。有关数字经济的税收政策应具备确定性和可预测性，并对数字经济的进步和各国经济发展起到促进作用。应广泛学习和借鉴已征收数字税的国家的制度建设经验，兼顾线上和线下、效率和公平，积极推动数字经济有关税收顶层设计的完善，营造公平公正的数字经济征税环境。

（一）及时修订部分国内法律法规

研究数字经济下新商业模式的特点，合理分配所得税收管辖权，修订转让定价规则和税收协定条款，确认消费者所提供数据、信息的价值，合理归属相关利润。平等对待传统经济与数字经济，建立和运用"虚拟常设机构""数字化常设机构"等新概念和判定规则，探索以数据存在为原则确定所得税征税权，实现价值创造贡献与所得归属相匹配，确保实际受益人承担相应税负，兼顾遵从成本和征管成本，尽量减少豁免与漏洞，促进数字经济健康发展。

适时修改我国《中华人民共和国税收征管法》《中华人民共和国企业所得税法》等法律法规，明确税收优惠政策的适用范围，完善软件和集成电路产业所得税优惠、企业研发费用加计扣除、固定资产加速折旧等政策。加强对避税行为的防范，探索行业避税规律，修改常设机构的定义，确保该定义不会被人为安排规避，减少"双重不征税"，实现国内税法和国际税法的良性互动。

（二）规范反避税工作机制

动态监控和评估数字经济对税收制度的影响。数字经济对商业模式创新尤其是跨国企业的全球价值链的整合，具有重要影响。应分析数字经济框架下传统的常设机构概念存在的问题，评估无形资产的重要性、数据的使用和全球价值链的扩展对转让定价的影响，在税收协定中确立"虚拟常设机构"规则，强化受控外国公司税收规则，解决企业跨境交易过程中通过税务筹划规避增值税纳税义务问题。

推动反避税工作模式从事后调查向防查并举转变。健全跨国企业利润水平监控体系，克服历史惯性和制度惰性，通过信息化建设防止跨国企业侵蚀税基、转移利润，获取交易、物流、支付等全样本、全流程的涉税交易数据。利用大数据技术分析关联交易，挖掘转移利润和侵蚀利润来源国税基的线索；利用区块链技术确保企业与税收相关数据的唯一性和不可篡改性，减少公司通过增加支出、调整成本侵蚀税基的可能性。

（三）加强税收协调国际合作

加强国家间税收情报交换和征管协作，减少双重征税。加强对跨国企业的反避税调查，防止跨国数字企业向我国转移境外损失，阻止其不合理的费用扣除和分摊。积极参与标准制定，推动金融账户涉税信息自动交换，积极应对国际逃税、避税。

积极参与数字税等国际规则和数字技术标准制定。借鉴"最低有效税率"方案基本思路，限制跨国公司转移利润的能力，确保转让定价结果与价值创造的一致性，减轻各国的税收竞争压力。提高税务登记率，防范通过无形资产隐蔽转让进行收入转移的行为，探索当无形资产转让缺乏可比交易时使用评估方法确定市场交易的公允价格，阻止跨国企业通过分配经营风险方式转移利润，尤其要规避跨国企业过度向低税率关联企业转移利润。提高纳税人与税务机关之间以及不同国别税务机关之间的信息透明程度，采取措施避免跨国企业通过利息扣除和其他金融支出逃避在我国纳税义务的行为。

促进数字经济相关的公平竞争制度完备有效

公平竞争的良好经济生态是数字经济创新发展的活力源泉。竞争政策及反垄断执法是阻止平台企业不当竞争行为、弥补数字经济领域市场失灵的重要手段。应创新反垄断分析工具和执法思路，推进包容审慎的适度监管，开放透明的协作监管和灵活有序的高效监管。

（一）提高现行反垄断机制的灵活性

坚持包容审慎监管理念。秉持严格、审慎和适当原则，妥善处理规制垄断与鼓励创新间的关系，综合考量经济效率、技术创新和国家利益等因素，推动创新生态持续繁荣。区分市场主体类型、商业模式、产品和服务，开展差异化、动态化和多目标的监管，分类对待、精准施策，关注潜在危害大的行为，在约束新型排除或限制竞争行为的同时，保护好企业创新的动力，增强反垄断法的威慑力和有效性。加大政府数据开放力度，鼓励企业、社会和自然人深度参与数据建设与开放服务。完善对商业数据、公共数据、个人数据进行分类保护的法律架构，加快实现数据的流动与共享机制，构建以《中华人民共和国反不正当竞争法》直接保护为重要方式的法律体系，有效保护消费者权益，增加全社会福利。

考虑双边或多边平台自身的交叉外部性和平台用户的需求本质，结合平台的商业模式、竞争方式和利润流向，有效把握假定垄断者测试的框架和方法，评估平台的跨边网络效应，确定相关市场的数量和范围。重点分析用户议价能力、用户多归属性、市场壁垒等供求因素的替代性。结合对产业创新性、产业环境和市场结构的分析，关注数据、流量、算法等数字经济关键竞争要素对产业发展的影响，把网络流量和用户数量、数据处理规模能力、用户转换成本、市场力量持续时间等，纳入市场支配地位的考量因素，将平台企业所采用的不同算法与购物服务流量的变化进行对比分析。提升经济分析比重，综合评估经营者的主观垄断意图和损害竞争后果，减少错判、误判。深入分析平台竞争力和数据之间的关系，聚焦数据集中效应和平台生态传导，关注数据收集处理、数据驱动型并购的竞争后果，审查平台企业利用非法服务条款对用户施加不公平交易条件的行为,统筹创新激励和消费者权益维护的关系,避免消费者利益受损。

(二)构建与数字经济发展相适应的竞争政策法规体系

健全共享经济、平台经济和新个体经济管理相关制度规范。明确竞争政策在经济政策体系的基础性地位,清理不合理的行政许可、资质资格事项,强化对新制定政策法规的公平竞争审查。打破垄断和地方保护,清理排除限制竞争的政策措施,消除市场分割,为共享经济、平台经济和新个体经济搭建公平竞争的舞台。继续完善外商投资管理制度,进一步缩减外商投资准入负面清单,保证外资在数字经济领域享有充分的国民待遇,保障其能够进入更大的市场空间、更多的产业领域。一视同仁对待各国投资者,确保内外资企业公平竞争、一视同仁,实现要素价格由市场决定、流动自主有序、配置高效公平。探索推行"三零战略"(零关税、零非关税壁垒、零补贴),创造更多三方合作、多方合作的机遇和平台,努力实现多赢、共赢。

(三)开展系统的执法调研和前瞻性研究

围绕数字经济中的垄断地位认定、动态效率认定等关键前沿问题,加强专题研究,加快完善法律法规体系,确定《中华人民共和国反垄断法》的实施边界和实施标准。在经验交流、规则协调、政策制定、执法合作等方面,加强与美国、欧盟等国际不同司法辖区反垄断执法机构之间的相互协作和配合。

优化数字经济相关的测度考核制度

完善的测度考核体系为分析研判数字经济新动能在成长和质量效益方面的状况，提供更加全面、准确、完整、及时的信息依据。

（一）指标体系

构建数字经济发展指标体系，要求紧扣数字经济发展、指标简洁精炼、兼具过程指标和结果指标、突出指标数值的区分度、有客观数据支撑，确保指标体系的可操作性和科学性。借鉴"世界经济论坛网络就绪度指数""欧盟数字经济与社会指数""联合国国际电信联盟ICT发展指数"等国际数字经济指标体系，应将创新、协调、绿色、开放、共享，以及效率、结构、质量、安全等因素进行科学量化和指标化，构建反映数字经济发展的指标体系，客观全面反映数字经济发展概貌和动态变化。

探索将网络基础设施、智能硬件制造、软件信息服务等指标，作为数字经济发展状况和成就的显示性指标。开发各项衡量用户安全和隐私风险的指标，将数据隐私、网络安全等作为优先考虑的纬度，构建数字经济风险控制与监管框架。

在创新方面，通过人力资本、研发投入强度、专利数量和科技论文发表数量等指标，衡量数字经济的创新能力。

在协调方面，重点评判促进城乡协调发展、区域协调发展，促进新型工业化、信息化、城镇化和农业现代化的同步发展情况。以城乡、区域的均衡发展为主要衡量因素，将城乡和区域间的人均GDP、人均可支配收入、人均公共资源（教育、医疗等）的差距、产业合作的紧密程度等作为重要指标。

在绿色方面，坚持以人与自然的和谐共生为核心。2016年，国家出台的《生态文明建设目标评价考核办法》《绿色发展指标体系》和《生态文明建设考核目标体系》，从资源利用、环境治理、环境质量、生态保护、增长质量、绿色生活、公众满意程度7个方面所构建的指标体系，可作为衡量数字经济绿色发展的参考标准。

在开放方面，以世界贸易组织对市场经济国家的要求、经合组织制定的衡量主要经济体外资限制指数为参照，重点从结构上而非数量上，对贸易、投资、技术、金融、市场等多个领域进行衡量。

在共享方面，以便利性、宜居性、多样性、公正性、安全性为追求，从平均受教育年限、人均期望寿命、人均公共绿地面积、调查失业率、食品安全情况等维度，衡量共享发展水平。

（二）政策体系

数字经济发展需要有相互协同、配套的政策体系作为保障。完善数字经济发展政策体系，应统筹政策数量和质量，区分轻重缓急，从宏观政策、微观政策等多方面健全政策体系，增强政策的科学性和实用性，推动数字经济实现稳健和融合发展，增加信息与知识要素在整个经济系统的流转速度，充分发挥政策的理论前瞻和现实指导作用。

增强政策的科学性和实用性。把中国共产党的领导贯彻到数字经济顶层设计的全过程中，确保重大决策的政治方向正确。规范重大行政决策程序，实现科学、合法决策，推动完善数字经济治理法律规则和协同治理政策体系。制定系统推进产业互联网发展的顶层设计，推进国民经济中各行各业的互联网化和数字化进程，同时防止束缚数字经济的发展活力。确定重大行政决策事项范围，注重原则性与灵活性相结合，协调产业政策和竞争政策，统筹财政、货币等数量型政策和人力资本、技术创新等质量型政策，实现长期政策和短期政策相结合。履行法定程序，推动政府决策向数据分析型转变，促进决策结果科学、公正、合法，防止政出多门。及时开展政策的事中、事后评估，建立适应技术更迭和产业变革要求的快速响应和动态调整机制，建立激励相容的权责分担机制。

提高决策的有效性和精准度。与理论逻辑相比，政策质量更多取决于实践逻辑。应完善有关部门间的职责协调机制，利用信息技术打破同级政府部门间和上下级政府间的信息壁垒，有力防止政策在执行过程中的随意性，有效遏制政策执行过程的"中梗阻"，防止出现"塔西佗陷阱"，更好地发挥政府在数字经济运行中的作用。加强激励型、引导型、协调型政策间的联动配合，提升政策体系的全局性、整体性和系统性。为改善数字经济效率、促进社会公平、增强可持续性，政策体系应以促进数据市场化为基础，注重数据价值的深度挖掘和有效利用，实现数据有序流动与完好保护的平衡统一，实现政策协同配合、良性互动。

提升政策的可信度和透明度。推动数字经济发展的关键在于建立明确、透明、市场化、法治化的高水平规则体系。应善于进行政策沟通，加强政策预期管理，缩短政策时滞，有效缓解政策相对稳定性与数字经济创新性间的矛盾，增强政策的可信度和透明度。从根本上保护和提高市场主体发展的内生动力，把调动个人和企业的积极性与调动政府管理人员的积极性有机结合起来。

（三）标准体系

标准是质量的基础，是经济发展的技术依据。[3]科技竞争的背后，实质是标准之争。数据标准化是实现数据要素共享共用、流通交易的重要前提，是加快培育数据要素市场的关键举措。数据标准体系是指标体系、政策体系的有效补充，是数字经济发展的基础设施，也是数字经济发展的准绳，对数字经济的发展发挥促进、引领、支撑和保障作用。应紧扣数字经济标准供给不平衡、不充分，标准缺失老化、交叉重复，更新慢、落地慢，实施效果有待进一步发挥，国际化水平有待提高等问题，加强数字经济标准体系顶层设计，提高数据质量和规范性，树立质量强国意识，健全统一协调、运行高效、政府与市场共治的标准化管理体制，以标准的全面提升推动数字经济产业升级，形成新的竞争优势，为推动数字经济发展提供技术支撑。

大力实施数字经济标准化战略。明确数字经济标准体系的建设蓝图、总体思路和推进路径。按照逐步调整、不断完善的思路，加快标准化法治建设。适应数字经济标准体系的动态性和相对性，加快构建数字经济的基础共性标准、关键技术标准动态修订机制，探索数据流动规则。针对异构计算形成全新的开放标准，解决不同硬件体系融合存在的软硬件协同缺失、开发工具彼此独立、编程语言及接口体系不兼容等工程问题。开展国家大数据交易和流通、工业互联网平台安全（如安全接入、数据保护、平台防护）等方面标准的研制。建立标准实施信息反馈和评估机制，简化制定、修订的程序，缩短制定、修订的周期。健全新型标准体系，稳妥推进向智能制造等新型标准体系过渡，全面提升标准化水平。

着力完善政府主导制定的数字经济标准和市场自主制定的数字经济标准。随着制定主体从单一向多元转变，制定过程从封闭向开放转变，初步形成政府主导、市场推动、社会参与的数字经济标准体系建设协同推进机制。激发市场主体活力，引导行业协会建立标准联盟，培育发展团体标准，放开搞活企业标准，鼓励行业龙头企业（或领军企业、头部企业）参与智能工厂、智慧家庭等标准的制定和修订，构建系列标准和检测认证体系，建立适合地方发展特点的数字经济特色标准。有效供给市场自主制定、快速反应需求的标准，推动构建交通、工业、城市管理、农业、教育、公共资源交易等领域标准化数据开发利用的场景，加快推进车联网、智能仪表、智能专用装备、智能家居等细分领域的标准化工作，形成科技与艺术的完美结合。

加快将先进适用的数字经济国际标准转化为国内标准。结合我国经济高质量发展的国情实际，加快推进中国特色标准体系建设。探索数字经济标准国际化的战略和技术路线，在大数据、物联网、云计算等领域加快标准国际化的步伐。深度参与数字经济国际标准化活动，增强话语权，放宽外资企业参与中国标准的制定。推动国际、国内服务标准接轨，为增强标准化对数字经济发展的引领作用创造条件。以中国标准"走出去"推动我国数字经济标准向国际标准转化和推广应用，鼓励企业在数字经济国际标准制定中发挥先行作用，持续加快数字化、网络化、智能化标准的国际影响力。增强在国际标准化组织（ISO）、国际电信联盟（ITU）、国际电工委员会（IEC）等国际组织中的参与权与话语权，推动我国迈入世界标准强国行列。

加快建成大数据标准体系。按照需求导向、共性先建、急用先行的原则，研究制定有关大数据的基础、技术、应用和管理等环节的标准体系。加快建立数据确权、采集、存储、使用、安全方面的技术标准。推进跨部门、层级、领域联办事项等相关业务流、数据流和信息流的标准化，提高数据共享程度，提升业务协同水平，切实解决"数据跑路""信息跑路"等"中梗阻"问题。积极开展标准验证和应用试点示范，引导建立企业间信息共享交换的标准规范，推动金融数据、地理信息数据等标准统一，促进信息和数据的深入利用。

（四）统计体系

明晰数字经济统计核算基本思路。借鉴《2008年国民账户体系（SNA）》和《中国国民经济核算体系（2016）》基本框架，以新发展理念为指导，研究建立统计指标体系、测算计算方法和评价办法，不断深化统计改革，构建推动数字经济发展的统计体系，完善统计体制，提高统计数据质量，充分促进数字技术开发和人才培养。

健全统计监测制度。加快建立与数字经济发展相适应的覆盖全面、标准统一、信息共享的跨部门、跨层级、跨领域统计制度和方法，扩大数字经济数据监测与采集范围，将更多的数字经济活动纳入核算范围。结合数据的可得性，试点编制数字经济卫星账户。构建涵盖数字基础发展水平、数字融合、数字经济社会影响等维度的指标体系，强调"数字鸿沟"、数字风险、数字劳动生产率等因素，关注数字经济知识型资本的建设，重视知识产权产品的资本化核算。

加强数字经济统计监测的实施。明确数字经济核算口径，借鉴国际统计先进经验，探索构建适应数字经济融合业务的国民经济行业分类标准，科学界定数字活动、参与者和数字产品等数字经济统计范围，完善数字产品分类框架。推进统计标准化、规范化，逐步完善统计分类。及时反映幸福产业、数字经济、现代供应链等新动能、新产业、新业态、新模式的发展情况，动态监测数字经济发展中不平衡、不充分的典型苗头和趋势。

（五）绩效评价

实行差别化与综合性相结合、定量与定性相结合、结果与过程管理相结合的绩效评价方式。

从评价主体、客体、方法和反馈等环节，谋划和设计科学合理的数字经济绩效评价体系。淡化总量指标，突出考核有效投资率、全要素生产率、工业增加值率等质量效益类指标，提高群众满意度等主观性指标的比重。

探索建立覆盖各部门和地区党政机关、群团组织、国有企业、科研院所及其他事业单位的数字经济分级分类绩效评价制度。

（六）政绩考核

完善分类和差异化的考核机制。破除形式主义和教条主义，推动将数字经济发展相关年度评价结果纳入各级党政领导班子和领导干部政绩考核的重要组成部分。科学设置指标权重，根据各地发展水平制定合理的政绩考核标准，统筹显绩和潜绩，因地制宜实行差异化的政绩考核。

优化考核评价程序、机制及结果的使用机制。科学界定容错免责边界，切实解决容错机制不健全、内在激励不足、过多依赖督查督导等外部约束问题。把地方政府的竞争压力转化为数字经济制度创新的动力，支持愿意干事创业、敢于担当、有较好发展潜力的地区和领域加快发展数字经济。

激发领导干部在谋求数字经济发展过程中积极作为的动力和热情。引导各级领导干部追求数字经济的协调发展，以长远的眼光来看待问题，不急于求成，更不能为了短时间内的数字经济快速增长而拔苗助长、盲目发展。充分调动各方面尤其是基层干部干事创业的积极性。提升干部敢于担当的勇气，把善做善成的能力和谋事干事的智慧充分运用到推动数字经济发展的实践中，为干部有所作为、大胆创新、勇于改革提供良好的制度环境。

增加数字经济法治化营商环境的考核比重。对标世界银行营商环境等相关标准，减少政府对微观市场行为的干预，引导各地形成明确、公开、稳定、公正的营商环境，推行普惠待遇，保障市场主体公平竞争，推动数字经济健康运行。

构筑数字经济相关安全保障制度

坚持包容审慎、鼓励创新原则，统筹数字经济发展和安全、数据竞争性和商业性、数据开放共享和消费者隐私保护等关系。加强涉及国家利益、商业秘密、个人隐私的数据保护，打造责权清晰、激励相容的协同治理格局，运用大数据、人工智能等技术提高数字经济治理能力，尤其提高形势感知、科学决策和风险预警能力，加强重要领域数据资源、重要网络和信息系统安全保障，加强对政务数据、企业商业秘密和个人数据的保护，推动建立多边、民主、透明的全球互联网治理体系。

（一）加快数字经济安全制度供给

将网络安全、数据安全列在制度建设的优先位置。健全国家网络安全法律法规和制度标准。加强涉及国家利益、商业秘密、个人隐私的数据保护，严格实施个人信息保护法，制定个人数据应用程序提供商或个人数据空间提供商等新型数据中介机构的运行规则。[4]完善数据隐私保护和安全审查制度，明确外国公司披露软件源代码和算法的具体情形和要求，实施好《数据安全法》。[5]建立网络安全动态感知云平台，强化跨领域网络安全信息共享和工作协同，强化风险报告、情报共享、研判处置，动态优化电子认证、数据加密、拟态防御、容灾备份等网络安全技术，完善网络空间日常巡检机制，优化网络安全事件应急处置预案，提高网络安全态势感知、预警、应急和保障能力，推动数字经济安全能级提升，确保云安、网畅、端通。

研究和预判各类数据平台的潜在风险。加强数据安全评估，平衡好数据开放共享和个人数据隐私保护间的关系，优化数据资源全生命周期管理和分级分类保护机制，推动数据跨境安全有序流动。建立数字经济运行市场风险监测和预警体系，及时更新监管标准和指标，及时发现开源软件被侵权等潜在风险，提升监管专业性、穿透性和统一性；建立常态化应急响应机制，采取合理的治理措施，提升风险防控能力。

构建新型基础设施网络安全防护体系，加强关键信息基础设施分级分类安全防护，提升抵御网络安全威胁的能力。

加强打击网络违法犯罪的力度。建立跨部门打击危害公民个人信息和数据安全违法犯罪长效机制。清理非法采集、贩卖公民个人信息的行为，整治侵犯公民个人信息违法犯罪活动，发现并通报涉及电信、金融、物流等重点行业信息系统及安全监管漏洞，保护知识产权和个人隐私，促进个人信息的合理使用。推动全球网络安全保障合作机制建设，构建保护数据要素、处置网络安全事件、打击网络犯罪的国际协调合作机制。

（二）加强安全保障监管体系建设

不断适应数字经济新技术、新模式的动态演进和变化，实施包容审慎监管，拓宽监管领域，创新监管手段，探索建立智能配送、在线医疗、无人驾驶、金融科技等监管框架，避免过度监管、重复监管，防止政府过度干预。建立衔接事前、事中、事后全监管环节的新型监管机制，突出综合性、精准性、有效性，发挥政府、平台、行业协会、消费者等多元主体在监管中的作用，形成市场主体自治、行业自律、社会监督、政府监管的多元共治格局，推动加强自我管理和监督。加强市场监管、质量监管和安全监管，健全反垄断审查、外商投资国家安全审查、不可靠实体清单、国家技术安全清单管理等制度。规范监管机构的设置，推进机构重组和流程再造，明确监管职责，健全地方层面监管组织体系。

（三）加大数字经济成果分享力度

增强数字经济成果的可及性。从多维度解决"数字鸿沟"问题，制定并及时更新数据共享责任清单，为所有人开放式接入互联网提供均等机会。在标准、工具等多层面促进数据共享。加快部署"数字政府"改革建设，敦促有关部门确定优先开放的数据集，建立优先访问和有序开放机制，促进气象、交通等公共数据资源有效流动，通过数据开放释放"数字红利"。建立健全国家公共数据资源体系。健全数据资源目录和责任清单制度，深化国家人口、法人、空间地理等基础信息资源共享利用。扩大基础公共信息数据安全有序开放，探索将公共数据服务纳入公共服务体系的路径，优先推动企业登记监管、卫生、交通、气象等高价值数据集向社会开放。开展政府数据授权运营试点，鼓励第三方深化对公共数据的挖掘利用。

始终坚定人民立场，促进全体数字经济参与者朝着共同富裕的方向稳步前进。关注不能有效运用互联网等数字经济模式改善自身生活状态的中低收入群体以及老年人群体，切实增加群众数字经济的幸福感、获得感。遏制以行政垄断、市场垄断等因素获取收入的行为，避免收入差距扩大。开发线上培训平台,开展数字化技能培训,为新生劳动力、失业人员提供数字化培训;为在职劳动者提供慕课(MOOC)[6]等更具灵活性的在线模块化网络课程,培养全民数字技能,培养具备数字技能和工匠精神的数字工匠,扩展数据、知识、技术和管理等要素参与分配的途径,缓解数字技术进步引发的结构性就业矛盾。积极发展在线课堂、互联网医院、智慧图书馆等,推广远程医疗等数字化应用,支持高水平公共服务机构对接基层、边远和欠发达地区。更好地发挥社会保障的社会稳定器作用,提高零工经济等数字经济就业人员的保障水平。

(四)完善相关伦理审查规则

健全科技伦理治理机制。重视技术道德伦理,从社会公共利益出发,倡导正确的技术价值观和数据伦理,关注信息技术开发和应用的文化和伦理价值,将伦理基础融入区块链应用程序。出台针对人工智能的道德监管体系,制定人工智能道德准则(如涵盖安全、人性尊严、人身选择自由及数据自主性等领域的无人驾驶道德准则),让更多人在"数字化"的世界中享有尊严与体面。

第三节 技术创新与制度创新协同促进数字经济发展

在数字经济领域,技术和制度都应受到足够的重视。技术与制度联系紧密,两者互相受益,也彼此制约。技术创新引发制度创新,同时也需要制度支持。制度创新加快新一代信息技术的应用,新技术的应用也有助于改善数字经济制度的运行环境。技术创新和制度创新在各自发力促进数字经济发展的同时,将数字技术广泛应用于制度体系的运行过程,推动数字经济制度体系流程再造和模式优化,成为提高数字政府建设水平、打造数字经济新优势的重要推动因素。

构建数字技术辅助政府决策机制

推进全国一体化政务服务平台建设。增加公共网络设施和网络服务的供给,形成物理分散、逻辑集中、资源共享、安全可信的政务大数据体系。统筹社会数据资源和政务数据资源，提升国家数据共享交换平台功能，建立政府和社会互动的大数据采集形成和共享融通机制，构建统一的国家公共数据开放平台和开发利用端口，依法有序、分级分类开放公共数据，推进公共数据资源的集中统一采集、存储和管理。完善部门统计数据共享机制，构建统一的数据共享平台，全面提高统计效率、能力和生产力，持续提升数据质量和服务水平。

完善多元共治的规制系统

运用数据思维，引入人工智能、区块链等技术，保障数据治理规制体系实现智能化的大数据规制，适用整体性、多层次的规制方法，探索在经营者、消费者、监管者之间开展穿透式规制。持续推动建设政务数据融合共享平台，推进数据跨部门、跨层级、跨地区汇聚融合和深度利用，促使作为规制对象的信息"孤岛"走向联动和共享。推动基于数字技术支撑的规制行为与数字经济互联互动、共享共赢。审慎引入预防式规制和非量化规制，实现系统规制与有效规制。探索符合数字产品、服务、技术、模式发展趋势的规制，协调好科技规制与规制科技之间的关系，利用大数据、人工智能等技术手段建立快速响应的规制反馈机制。

健全基于大数据的社会信用信息体系

完善覆盖全社会各群体、各领域的征信系统。加快培育信用服务市场,积极提高第三方信用服务的权威性、科学性和可靠性。同时,建立各平台间的守信激励与失信联合惩戒的机制,推动制定社会信用体系建设相关法律法规,提高个体失信成本。建立以信用为基础的数字经济市场监管机制,实施行业准入负面清单制度,共同促进业态健康发展。

优化大数据监督模式

推进前沿信息技术和监督工作的深度融合,结合大数据、云计算、物联网、区块链、爬虫等前沿技术成果,重塑审计业务流程。研究探索思维导图、图数据库、内存数据库、建筑信息模型、机器学习、人工智能等成熟工具在监督实践中的创新应用,助推审计监督广度拓展、深度延展、力度加大。充分运用关联分析、趋势分析等手段,比对和分析跨地区、跨行业、跨领域的财务和业务数据。构建风险分析模型,搭建数据分析模型共享平台,运用关联分析、模糊匹配、趋势分析等方法,揭示反映数字经济运行方面存在的突出情况、重大风险领域和重大违法违规线索。

注释

前言

1 资料来源：G20领导人杭州峰会官方网站，http://www.g20chn.org/index.html.

2 2017年12月8日，习近平总书记在中央政治局集体学习"实施国家大数据战略"时指出。

3 据《中国互联网发展报告2019》统计。

4 根据中国信息通信研究院2019年10月发布的《全球数字经济新图景（2019）》，2018年，英国、美国、德国数字经济的GDP占比分别为：61.2%、60.2%、60.0%，在各国GDP中均占据绝对主导地位。

5 据中国信息通信研究院发布的《中国数字经济发展白皮书（2020年）》。

6 宁吉喆. 经济稳定恢复发展呈现新机[J]. 求是，2021（2020-15）：55–60.

7 据有关机构测算，数字化转型可使制造业企业、物流服务业、零售业的成本分别降低17.6%、34.2%和7.8%，营业收入分别增加22.6%、33.6%和33.3%。

8 2021年3月15日下午，习近平总书记主持召开中央财经委员会第九次会议，研究促进平台经济健康发展问题和实现碳达峰、碳中和的基本思路和主要举措。

第一章

1 另有"信息经济""网络经济""知识经济""智慧经济""数据经济""新经济"等提法。1996年，唐·泰普斯科特由于出版《数字经济》一书，被誉为数字经济之父；1998年，美国商务部发布《浮现中的数字经济》(The Emerging Digital Economy)，判断数字经济已经到来。

2 李长江. 关于数字经济内涵的初步探讨[J]. 电子政务，2017（9）：92-100.

3 田丽. 各国数字经济概念比较研究[J]. 经济研究参考，2017（40）：101-106.

4 陈林芬，王重鸣. 网络消费者行为与电子商务服务质量的关系[J]. 消费经济，2005（3）：78-81.

5 付宏，毛蕴诗，宋来胜. 创新对产业结构高级化影响的实证研究——基于2000—2011年的省际面板数据[J]. 中国工业经济，2013（9）：56-68.

6 郑新立，白津夫，唐元，张永军，徐伟，刘森. 奔向2035的新发展格局[M]. 中共中央党校出版社，2021：216-219.

7 图灵奖获得者杰姆·格雷（Jim Grays）甚至提出"新摩尔定

律"——每过18个月，全球范围内的新增信息量是计算机有史以来全部信息量的总和。

8 与传统的运用有限样本数据来剖析、追求精准的因果关系有所不同，大数据思维属于相关思维、总体思维，通过分析数据总体性和相关性，进而揭示其内蕴的因果关系。

9 告诉一个幼童什么是猫，仅需要一张猫的图片，但是让机器学会识别猫，则可能需要100万张猫的图片。

10 2018年2月德勤发布的《超级智能城市报告》显示，全球已启动或在建的智慧城市达1000多个，中国以500个城市位居首位。

11 2018年5月，西弗吉尼亚州成为美国第一个允许通过区块链进行互联网投票的州。

12 2020年2月20日，瑞典央行宣布开始数字货币e克朗试点项目，首次有一国的中央银行试验数字货币。我国的央行法定数字货币DC/EP（DC即digital currency首字母缩写，数字货币；EP即electronic payment的首字母缩写，电子支付）已经完成顶层设计、标准制定、功能研发、联调测试等工作。我国央行数字货币，具有安全性高、交易无成本、无限法偿性等特点，主要有以下运行机制：数字货币只替代流通中的现金，不替代银行存款；央行不对数字货币支付利息；采用央行对机构、机构对个人的双层运行机制。在中国人民银行的统一安排下，中国农业银行的DC/EP钱包内部测试有序进行；选择深圳、苏州等地开展试点验证，数字化形态法定货币的出台应用正在稳妥推进。2020年5月，苏州市相城区通过央行数字货币形式，向区属行政单位员工发放工资中交通补贴的50%。2020年8月,商务部发布关于印发《全面深化服务贸易创新发展试点总体方案》的通知,公布了数字人民币试点地区。试点工作正在深圳、苏州、雄安、成都及2021年冬奥场景进行内部封闭试点测试。2020年10月,深圳市面向个人以"摇号抽签"形式发放1000万元"礼享罗湖数字人民币红包",每个红包金额为200元,红包数量共计5万个,支付方式分为条码支付和基于近场通信技术的非接触式支付两种,数字人民币测试迎来新阶段。

13 基于蜂窝的窄带物联网(Narrow Band Internet of Things,NB-IoT)是万物互联网络的一个重要分支,可广泛应用于智能停车、智慧农业、远程抄表等领域。

14 2021年10月29日凌晨1点(北京时间),扎克伯格宣布将Facebook公司更名为Meta,体现了Meta从社交媒体转型后拥抱元宇宙的战略转型。

15 武玉华, 周玉坤, 李艳俊, 高献伟. GF(2^m)域椭圆曲线密码算法的高速实现[J]. 信息安全与通信保密, 2006(11): 3.

16 在金融领域,新型信用评分模型以互联网信用为基础,极大促进了普惠金融作用的发挥。

17 冯·诺依曼体系架构主要内容包括:采用二进制进行计算;基于存储程序控制理念;计算设备包括运算器、控制器、存储器、输入装置和输出装置组成部件。

18 2020年,拼多多首登世界500强榜单,自2015年公司成立起,拼多多历时5年,上榜速度为京东的2倍,阿里巴巴的3倍。

19 网络外部性是梅特卡夫法则的本质。网络用户数量的增长,将会带动用户总所得效用的平方级增长。

20 2017年国家农产品质量安全追溯平台上线，实现了对追溯、监测、监管等信息的集中统一管理。

21 网商银行利用大数据等技术，在不需要直接见面和做好风险控制的基础上，把谁能获得贷款的决策交由算法来决定，解决了电商平台小微商家无财务报表和信用记录的融资难题。

22 一家企业如果要在市场上占据主导地位，就必须第一个开发出新一代产品。任何企业在本产业中必须不断更新自己的产品。

23 当价格不变时，集成电路上可容纳的元器件的数目，每隔18至24个月便会增加一倍，性能也将提升一倍。

24 比如，集成电路产业获得大规模、多样化的资本支持。国家集成电路产业投资基金和地方性的集成电路产业发展基金大幅增长，阿里巴巴、百度、恒大地产、格力等都加大了芯片技术的布局和投资布局。上交所"科创板"为集成电路企业在资本市场融资提供了便利。

25 创业创新、协同制造、现代农业、智慧能源、普惠金融、益民服务、高效物流、电子商务、便捷交通、绿色生态、人工智能。

26 数据来源：中国信息通信研究院《中国数字经济发展与就业白皮书（2019年）》。

27 防控疫情期间，智能移动办公平台钉钉（DingTalk）基于办公场景上线和优化员工健康打卡、企业复工平台、"无接触考勤"等全链路数字化解决方案，提升了企业的协调办公效率。

28 网易公开课等知识平台在数字经济时代快捷、低成本通信技术的支撑下，帮助人们利用碎片化时间更新了知识、锤炼了思维、提升了能力。比如，麻省理工学院《算法导论》、耶鲁大学《博弈论》、宾夕法尼亚大学《物权法》、马里兰大学《儿童发展心理学》、牛津大学《新视角下的一战》、巴黎高等商学院《决策统计学》、密苏里州立大学《世界音乐综述》、纽约大学《美国文学》、北京大学《古代汉语》、中国人民大学公开课《唐诗宋词的审美类型》、哈尔滨工业大学《软件工程专业导论》等课程，都可以足不出户完成学习。

29　2017年重庆开展国家生猪大数据中心建设，力求建成一套全产业链的数据采集、分析和服务机制。

30　数据来源：中国信息通信研究院《中国数字经济发展与就业白皮书（2019年）》。

31　人工智能、物联网、大数据等领域工程技术人员，数字化管理师等，成为数字经济领域的新型职业。

32　为加强加快数字化发展，《中共中央关于制定国民经济和社会发展第十四个五年规划和二〇三五年远景目标的建议》提出：推进数字产业化和产业数字化；提升公共服务、社会治理等数字化智能化水平；建立基础制度和标准规范；建设国家数据统一共享开放平台；保障国家数据安全，加强个人信息保护；提升全民数字技能；实现信息服务全覆盖；积极参与数字领域国际规则和标准制定等。

33　《国民经济和社会发展第十四个五年规划和2035年远景目标纲要》提出，打造数字经济新优势，加快数字社会建设步伐，提高数字政府建设水平，营造良好数字生态等。

34　2016年7月中共中央办公厅、国务院办公厅印发的《国家信息化发展战略纲要》，是规范和指导未来10年国家信息化发展的纲领性文件，是信息化领域制定规划和政策的重要依据。

35 2015年8月国务院印发的《促进大数据发展行动纲要》，是大数据发展的顶层设计和统筹布局，对大数据整体发展做出了部署。

36 V2X即Vehicle-to-Everything，是智能汽车和智能交通的支撑技术之一。

37 李青. 经济全球化对中国实施竞争政策来说既是机遇也是挑战[J]. 竞争政策研究，2017（5）：27-28.

38 2018年8月31日第十三届全国人民代表大会常务委员会第五次会议通过。

39 《儿童个人信息网络保护规定》已经国家互联网信息办公室室务会议审议通过，自2019年10月1日起施行。

40 工业和信息化部先后发布了《工业控制系统信息安全防护指南》《工业控制系统信息安全事件应急管理工作指南》《工业控制系统信息安全防护能力评估工作管理办法》《工业控制系统信息安全行动计划（2018—2020年）》等文件。

41 国家市场监督管理总局和中国国家标准化管理委员会发布《信息安全 技术工业控制系统安全管理基本要求》（GB/T 36323—2018）《信息安全 技术工业控制系统风险评估实施指南》（GB/T 36466—2018）等国家标准。

第二章

1 《马克思恩格斯文集》第8卷[M]. 北京：人民出版社，2009：55.
2 《马克思恩格斯文集》第2卷[M]. 北京：人民出版社，2009：591-592.
3 《十八大以来重要文献选编》（上）[M]. 北京：中央文献出版社，2014：117.
4 《马克思恩格斯文集》第8卷[M]. 北京：人民出版社，2009：55.
5 康芒斯. 制度经济学[M]. 商务印书馆，1962：87.
6 埃莉诺·奥斯特罗姆，余逊达、陈旭东译. 公共事物的治理之道[M]. 上海三联书店，2000：82.
7 道格拉斯·诺斯. 经济史中的结构与变迁[M]. 上海三联书店、上海人民出版社，1994：225-226.
8 道格拉斯·诺斯. 制度、制度变迁与经济绩效[M]. 上海三联书店，1994：3.
9 陈丹丹，任保平. 制度变迁与经济增长质量：理论分析与计量检验[J]. 当代财经，2010（1）：17-23.
10 韩晶，朱洪泉. 经济增长的制度因素分析[J]. 南开经济研究，2000（4）：53-58.
11 徐永慧. 以反腐败助推高质量发展的路径——基于腐败成因的视角[J]. 中国流通经济，2019（4）：12.
12 杨英杰，郭光敏. 新中国70年经济发展经验理论研究述评[J]. 行政管理改革，2019（9）：46-55.
13 潘向东，廖进中，赖明勇. 进口国制度安排与高技术产品出口：

基于引力模型的研究[J]. 世界经济, 2005 (9): 15.

14　拉坦. 诱致性制度创新理论科斯财产权利与制度变迁[M]. 上海三联书店, 1991: 335.

15　林毅夫. 关于制度变迁的经济学理论: 诱致性变迁与强制性变迁财产权利与制度变迁[M]. 上海三联书店, 1994: 435.

16　杨瑞龙. 我国制度变迁方式转换的三阶段论——兼论地方政府的制度创新行为[J]. 经济研究, 1998 (1): 5-12.

17　张晓. 数字经济发展的逻辑: 一个系统性分析框架[J]. 电子政务, 2018 (6): 2-10.

18　中共中央关于制定国民经济和社会发展第十三个五年规划的建议[N]. 人民日报, 2015-11-04 (02).

19　荆文君, 孙宝文. 数字经济促进经济高质量发展: 一个理论分析框架[J]. 经济学家, 2019 (2): 66-73.

20　汤正仁. 以数字经济助力现代化经济体系建设[J]. 区域经济评论, 2018 (4): 96-100.

21　许宪春, 张美慧. 中国数字经济规模测算研究——基于国际比较的视角[J]. 中国工业经济, 2020 (5): 23-41.

22　汤志华. OECD关于数字经济下消费者通胀测度研究的经验与启示[J]. 调研世界, 2020 (1): 58-64.

23　张新红. 数字经济与中国发展[J]. 电子商务, 2016 (11): 2-11.

24　张昕蔚. 数字经济条件下的创新模式演化研究[J]. 经济学家, 2019 (9): 32-39.

25　钟春平, 刘诚, 李勇坚. 中美比较视角下我国数字经济发展的对策建议[J]. 经济纵横, 2017 (4): 35-41.

26 熊鸿儒. 我国数字经济发展中的平台垄断及其治理策略[J]. 改革，2019（7）：52-61.

27 张于喆. 数字经济驱动产业结构向中高端迈进的发展思路与主要任务[J]. 经济纵横，2018（9）：85-91.

28 孙德林，王晓玲. 数字经济的本质与后发优势[J]. 当代财经，2004（12）：22-23.

29 姜松，孙玉鑫. 数字经济对实体经济影响效应的实证研究[J]. 科研管理，2020（5）：34-41.

30 段博，邵传林. 数字经济加剧了地区差距吗？——来自中国284个地级市的经验证据[J]. 世界地理研究，2020（4）：728-737.

31 逄健，朱欣民. 国外数字经济发展趋势与数字经济国家发展战略[J]. 科技进步与对策，2013（8）：124-128.

32 张景先. 数字经济发展的几个关键点[J]. 人民论坛，2018（29）：78-79.

33 杜庆昊. 关于建设数字经济强国的思考[J]. 行政管理改革，2018（5）：51-56.

34 习近平谈治国理政（第二卷）[M]. 北京：外文出版社，2017：473.

35 郑新立. 构建更加系统完备成熟定型的高水平社会主义市场经济体制[J]. 中国党政干部论坛，2020（10）：6-10.

36 曹立，韦力. 新时代高水平开放的着力点[J]. 开放导报，2020（5）：7-13.

37 龚晓莺，王海飞. 当代数字经济的发展及其效应研究[J]. 电子政务，2019（8）：51-62.

38 易宪容，陈颖颖，位玉双. 数字经济中的几个重大理论问题研究——基于现代经济学的一般性分析[J]. 社会科学文摘，2019（7）：23-31.

39 刘建平. 数字经济与政府规制[J]. 中国行政管理，2002（9）：9-12.

40 高运根. BEPS行动计划1、成果1——数字经济面临的税收挑战[J]. 国际税收，2014（10）：15-17.

41 张宏，王建. 中国对外直接投资与全球价值链升级[M]. 中国人民大学出版社，2013：95.

42 王伟玲，王晶. 我国数字经济发展的趋势与推动政策研究[J]. 经济纵横，2019（1）：69-75.

43 齐俊妍，任奕达. 东道国数字经济发展水平与中国对外直接投资——基于"一带一路"沿线43国的考察[J]. 国际经贸探索，2020（9）：56-72.

44 范鑫. 数字经济发展、国际贸易效率与贸易不确定性[J]. 财贸经济，2020（8）：145-160.

45 向书坚，吴文君. OECD数字经济核算研究最新动态及其启示[J]. 统计研究，2018（12）：3-15.

46 刘荣军. 数字经济的经济哲学之维[J]. 深圳大学学报（人文社会科学版），2017（4）：97-100.

47 夏炎，王会娟，张凤，郭剑锋. 数字经济对中国经济增长和非农就业影响研究——基于投入占用产出模型[J]. 中国科学院院刊，2018（7）：707-716.

48 王国敏，唐虹，费翔. 数字经济时代的人力资本差异与收入不平等——基于PIAAC微观数据[J]. 社会科学研究, 2020 (5): 11.

49 斯丽娟. 数字经济时代农村信息扶贫生态系统的构建与路径优化[J]. 图书与情报, 2019 (2): 43-51.

50 张昕蔚. 数字经济条件下的创新模式演化研究[J]. 经济学家, 2019 (7): 32-39.

51 王文. 数字经济时代下工业智能化促进了高质量就业吗[J]. 经济学家, 2020 (4): 91-100.

52 何宗樾, 宋旭光. 数字经济促进就业的机理与启示——疫情发生之后的思考[J]. 经济学家, 2020 (5): 60-70.

53 赵涛, 张智, 梁上坤. 数字经济, 创业活跃度与高质量发展——来自中国城市的经验证据[J]. 管理世界, 2020 (10): 65-75.

54 康铁祥. 中国数字经济规模测算研究[J]. 当代财经, 2008 (3): 118-121.

55 2016年4月, 国家统计局制定《新产业、新业态、新商业模式专项统计报表制度》; 2018年8月, 国家统计局印发《新产业新业态新商业模式统计分类 (2018)》。相关统计对象涉及电子商务、互联网金融等数字经济相关重点领域。

56 杨仲山, 张美慧. 数字经济卫星账户：国际经验及中国编制方案的设计[J]. 统计研究, 2019 (5): 18-32.

57 金星晔, 伏霖, 李涛. 数字经济规模核算的框架、方法与特点[J]. 经济社会体制比较, 2020 (4): 69-78.

58 王彬燕, 田俊峰, 程利莎, 浩飞龙, 韩翰, 王士君. 中国数字经济空间分异及影响因素[J]. 地理科学, 2018 (6): 859-868.

59 张雪玲, 焦月霞. 中国数字经济发展指数及其应用初探[J]. 浙江社会科学，2017（4）：32-40.

60　张伯超，沈开艳．"一带一路"沿线国家数字经济发展就绪度定量评估与特征分析[J]．上海经济研究，2018（1）：10.

61　刘方，孟祺．数字经济发展：测度，国际比较与政策建议[J]．青海社会科学，2019（4）：83-90.

62　徐清源，单志广，马潮江．国内外数字经济测度指标体系研究综述[J]．调研世界，2018（11）：52-58.

63　赛迪顾问：《2020中国数字经济发展指数（DEDI）》（全文），http://www.100ec.cn/detail—6573138.html.

64　2019长三角数字经济指数发布：上海杭州苏州位列前三名。http://finance.sina.com.cn/china/dfjj/2019-09-23/doc-iicezueu7772791.shtml.

65　张伯超，沈开艳．"一带一路"沿线国家数字经济发展就绪度定量评估与特征分析[J]．上海经济研究，2018（1）：10.

66　吴晓怡，张雅静．中国数字经济发展现状及国际竞争力[J]．科研管理，2020（5）：252-260.

67　王玉柱．数字经济重塑全球经济格局——政策竞赛和规模经济驱动下的分化与整合[J]．国际展望，2018（4）：60-79.

68　王彬燕，田俊峰，程利莎，浩飞龙，韩翰，王士君．中国数字经济空间分异及影响因素[J]．地理科学，2018（6）：859-868.

69　钟业喜，毛炜圣．长江经济带数字经济空间格局及影响因素[J]．重庆大学学报：社会科学版，2020（1）：19-30.

70　丁文联．数据竞争的法律制度基础[J]．财经问题研究，2018（2）：15-19.

71　费方域，闫自信．数字经济时代数据性质、产权和竞争：大数据经济学视域下的竞争政策[J]. 财经问题研究, 2018（2）: 2-7.

72 是指因社会数字化的结果而加大个人之间在知识、经济、社会差距的事实。

73 王璐瑶, 万淑贞, 葛顺奇. 全球数字经济治理挑战及中国的参与路径[J]. 国际贸易, 2020（5）: 7.

74 李俊江, 何枭吟. 美国数字经济探析[J]. 经济与管理研究, 2005（07）: 13-18.

75 乔晓楠, 郗艳萍. 数字经济与资本主义生产方式的重塑——一个政治经济学的视角[J]. 当代经济研究, 2019（5）: 7-17.

76 丁晓钦, 柴巧燕. 数字资本主义的兴起及其引发的社会变革——兼论社会主义中国如何发展数字经济[J]. 毛泽东邓小平理论研究, 2020（6）: 45-50.

77 孙德林, 王晓玲. 数字经济的本质与后发优势[J]. 当代财经, 2004（12）: 22-23.

78 何枭吟. 数字经济发展趋势及我国的战略抉择[J]. 现代经济探讨, 2013（3）: 39-43.

79 崔珊珊. 权力、观念与制度[D]. 长春: 吉林大学, 2019: 5-50.

80 陈一远. 制度的有效性及其影响因素研究[D]. 济南: 山东大学, 2016: 78-90.

81 惠志斌. 5G与数字经济[J]. 探索与争鸣, 2019（09）: 52-55.

82 曹正勇. 数字经济背景下促进我国工业高质量发展的新制造模式研究[J]. 理论探讨, 2018（2）: 99-104.

83 王伟玲, 王晶. 我国数字经济发展的趋势与推动政策研究[J].

经济纵横，2019（1）：69-75.

84　辜胜阻，吴华君，吴沁沁，余贤文. 创新驱动与核心技术突破是高质量发展的基石[J]. 中国软科学，2018（10）：14-23.

85　严若森，钱向阳. 数字经济时代下中国运营商数字化转型的战略分析[J]. 中国软科学，2018（4）：177-187.

86　陈晓红，唐立新，李勇建，霍宝锋，刘士新，顾远东. 数字经济时代下的企业运营与服务创新管理的理论与实证[J]. 中国科学基金，2019（3）：301-307.

87　史佳颖. APEC数字经济合作：成效与评价[J]. 国际经济合作，2018（10）：28-32.

88　王娟. 数字经济驱动经济高质量发展：要素配置和战略选择[J]. 宁夏社会科学，2019（5）：89-95.

89　斯丽娟. 数字经济时代农村信息扶贫生态系统的构建与路径优化[J]. 图书与报，2019（2）：43-51.

90　赵剑波，杨丹辉. 加速推动数字经济创新与规范发展[J]. 北京工业大学学报（社会科学版），2021（2019-6）：71-79.

91　杜庆昊. 中国数字经济协同治理理论框架和实现路径[J]. 理论视野，2020（1）：45-50.

92　刘方，孟祺. 数字经济发展：测度，国际比较与政策建议[J]. 青海社会科学，2019（4）：83-90.

93　HART O D, MOORE J. On the Design of Hierarchies: Coordination Versus Specialization[J]. Journal of Political Economy, 2005, 113: 675-702.

94　TIROLE J, MASKIN E. Unforeseen Contingencies and Incomplete

Contracts[J]. Review of Economic Studies, 1999, 66: 83-114.

95 MFP DIAS, EA PEDROZO, TND SILVA. The innovation process as a complex structure with multilevel rules[J]. Journal of Evolutionary Economics, 2014, 24: 1067-1084.

96 根据该条例，违反了欧盟竞争法的企业，如果能产生提高效率、增进消费者福祉等效果，则可能给予豁免权。

97 1999年6月，美国商务部《新兴的数字经济》报告指出，到2006年，美国工人有一半将受雇于信息产业或者是信息技术的使用者，高科技工人的收入将远远超过其他工人，两者之间收入的差距将进一步扩大。1997年，信息产业从业人员的平均年薪（5.29万美元）比普通人员高出78%，而在1989年，前者的平均年薪水平只比后者的平均水平高56%。这种不平等既存在于美国不同阶层之间，也存在于美国和其他国家之间。2019年，咨询机构麦肯锡全球研究所发布的报告《美国工作的未来》称，未来十年，美国1470万年龄在18岁到34岁之间的年轻工人会因自动化而失业，比例达40%，其中高中或以下学历工人被自动化取代的可能性是拥有学士学位工人的4倍。

98 2017年7月，贵州省印发《贵州省政府数据资产管理登记暂行办法》，成为首个出台政府数据资产管理登记办法的省份。

第三章

1 2017年6月，阿里巴巴与顺丰关闭数据接口事件揭示了数据资源确权问题，尤其是数据共享与专享之间、数据控制与使用的资源配置以及权属划分问题。

2 随着"李子柒"商业价值升至数十亿元之巨，围绕品牌的归属，李子柒与公司大股东产生严重分歧，甚至对簿公堂。

3 2017年美国芯片巨头英特尔研发支出130亿美元，接近中国全部半导体企业全年的收入之和；长年占据全球半导体设备榜首的美国应用材料公司（AMAT）每年研发投入超过15亿美元，国内半导体设备龙头北方华创研发支出不到1亿美元；在软件领域，微软2017年研发投入119.9亿美元，中国创新排名最靠前的金山软件同年的研发投入为2.6亿美元。

4 2020年8月6日，时任美国总统特朗普签署行政令，将在45天后禁止任何美国公司或个人与TikTok母公司字节跳动以及微信母公司腾讯进行交易。8月14日，特朗普再签行政令，要求字节跳动在90天内剥离TikTok在美国运营的所有权益。

5 美国商务部下令禁止美国公司向中兴出售产品后，中兴由此蒙受了巨大损失。根据2020年5月15日美国政府的禁令，取得美国政府的出口许可后，企业才可以向华为销售含有美国技术的半导体产品。为保障美国战略技术的持续领导地位，2020年1月6日起，美国商务部以国家安全的名义，对应用于智能化传感器、无人机、卫星和其他自动化设备的目标识别软件等人工智能软件，采取出口限制措施。此前1年，美国商务部将华为、海康、大华、旷视等中国科技企业列入实体清单。2020年5月，美国商务部工业与安全局依据新修改的《外国直接产品规则（FDPR）》要求全球使用了美国的技术或设备的任何厂商，在向华为提供半导体芯片前，都必须得到美国政府的出口许可证。受此影响，2020年9月14日后，台湾积体电路制造股份有限公司停止了对华为的供货。2020年10月，美国限制部分供应商对中芯国际供应半导体材料、设备以及配件货等。美国还忧虑支付宝和微信支付等数字支付平台对国家安全的影响，并探索对蚂蚁集团和腾讯等中国金融科技平台的限制措施。

6　比如，美国退出万国邮政联盟后，我国出口跨境电商失去40%—70%的邮费优惠，物流成本占营收的比例大幅攀升。

7　数字经济下跨国企业的逃避所得税的途径：一是利用转让定价避税，跨国企业利用无形资产转让时估值困难等征税漏洞，逃避纳税义务，主要通过收入最小化或扣除最大化途径，降低在中国的应纳税收入；二是利用混合错配避税，主要通过混合金融工具安排、反向混合、双重居民身份扣除、混合体支付等混合错配策略，加大费用扣除或不计收入；三是规避预提所得税的产生，一些跨国企业利用中国与一些国家（地区）签订的税收优惠协定，通过在税收监管宽松的国家（地区）成立空壳公司后，再利用互联网等手段在中国完成交易；四是规避应纳税实体存在，一些跨国企业不用在我国有纳税实体的存在，而是利用数字化手段通过互联网或其他数字方式完成交易。

8　比如，最惠国待遇（MFN）条款或被经营者运用到涉及互联网交易的合作协议中。该条款可产生横向合谋、排他性效果，也涉及滥用市场支配地位。

9　在2019年格兰仕起诉天猫、2020年神州起诉京东等案例中，家电企业和各类商户均起诉电商平台依托庞大的流量优势地位，强迫其"二选一"。2005年以来，阿里巴巴集团实施"二选一"垄断行为，强制限定商家只能与其进行交易，获取了不当竞争优势。直到2021年4月，有关部门综合考虑其违法行为的性质、程度和持续时间等因素，对阿里巴巴集团处以2019年销售额4%（共计182.28亿元）的处罚等措施。

10　经过算法精心挑选的信息，使得人们越来越闭塞，如同被包裹在密实的"茧房"中。

11　刘淑春. 中国数字经济高质量发展的靶向路径与政策供给[J]. 经济学家，2019（6）：52-61.

12　比如，共享单车等平台企业一方面承担了部分公共职能，提供了公共服务，另一方面也带来过度投放、违规停放、押金监管缺失、平台企业跑路等公共治理难题。

13　即在无线网络中，单一节点具有多个身份标识，通过控制系统的大部分节点来削弱冗余备份的作用。

14　剑桥分析公司在脸书知情情况下，获取了5000万用户的个人资料，牟取巨大利益，甚至影响美国的政治选举。

15　据2020年11月17日新京报，某物流公司5名内部员工有偿租借工作账号，泄露40万条个人信息，涉案金额120余万元；相关个人信息下游犯罪人员卖到全国及东南亚等电信诈骗高发区。

16　2016年至2020年，公安系统加大力度打击整治网络侵犯公民个人信息、黑客攻击破坏犯罪和网络侵犯公民个人信息等犯罪作案手法包括：一是利用暴力破解手段非法获取汽车金融服务平台服务器后台管理权限，盗取身份证、家庭住址等公民个人信息，在"暗网"销售给经营期货交易平台；进行信息系统漏洞测试时，利用系统漏洞盗取了居民社保数据后，在"暗网"上出售；安全工程师利用工作便利自行下载交易平台出售银行开户、手机注册等公民个人信息后贩卖；利用网站漏洞非法窃取了某银行等单位网站上存储的公民个人信息后贩卖；电信运营商、银行保险、社区、快递、计生等内部工作人员倒卖公民个人手机信息、征信信息、快递信息、住宿信息、计生信息、人员轨迹、银行财产信息等信息至下游电信诈骗、暴力催债、网络赌博等违法犯罪人员；非法收集学生身份信息，向下游网络账号注册商、手机卡倒卖商等销售；证券公司内部人员层层倒卖股民信息至境内外网络炒股诈骗团伙。

17　见联合国贸易与发展会议发布的《2019年数字经济报告》。

18　据联合国发布的《2019年数字经济报告》。

19　为有效解决老年人面临的"数字鸿沟问题"，2020年11月，国务院办公厅印发《关于切实解决老年人运用智能技术困难实施方案的通知》。

20　阿里巴巴、拼多多等电子商务企业取得了成功的同时，传统商品交易市场日益衰落，相关从业人员不得不转换工作岗位。

第四章

1　涂勤.《新兴的数字经济Ⅱ》[J]. 世界经济，1999（8）：79-80.
2　王玉柱. 数字经济重塑全球经济格局——政策竞赛和规模经济驱动下的分化与整合[J]. 国际展望，2018（4）：60-79.

3　张冬杨. 俄罗斯数字经济发展现状浅析[J]. 俄罗斯研究，2018（2）：130-158.

4　刘西友. 经济高质量发展的国际经验和启示[N]. 中国审计报，2020-8-19（3）.

5　二十世纪六七十年代以后，随着劳动年龄人口增速不断下行，日本的工业化逐渐接近尾声，日本经济逐渐告别高增长状态，城市化也告别了高速发展，但大都市化进程仍在持续。这一过程中，企业在创新中发挥的作用不断增强，企业科研经费占比不断提高，科研经费增速长期快于GDP增速；产业升级持续加速，第三产业占比不断提升，都市圈中心的工业向外圈转移。

6　该条例建立了完备的个人数据保护制度，涉及个人数据处理的基本原则、数据主体的权利、数据控制者和处理者的义务、个人数据跨境转移等领域，被称为是史上最严的数据保护立法。2019年5月25日，该条例实施满一周年，欧盟共收到约145000份数据安全相关的投诉和问题举报；共判处5500万欧元行政罚款。

7　旨在加强三国间数字贸易合作并建立相关规范的数字贸易协定。该协定以电子商务便利化、数据转移自由化、个人信息安全化为主要内容，并就加强人工智能、金融科技等领域的合作进行了规定。

8　支柱一由新联结度规则和新利润分配规则构成；支柱二由一系列全球防税基侵蚀规则构成。其中，支柱一提出了三层利润分配法，在现有规则之外创新建立新的税收连接点，并引入公式分配法等新税权分配规则。

9 据该草案，自2019年1月1日起，亚马逊、苹果等全球数字业务营业收入不低于7.5亿欧元，同时在法国营业收入超过2500万欧元的互联网企业，将被征收数字服务税，纳税额相当于该类公司在法国营业额3%的。鉴于谷歌、苹果、亚马逊和脸书受较大影响，该法案又被称为"GAFA法案"。

10 2018年7月，欧盟委员会对谷歌开出43.4亿欧元罚单，理由是谷歌滥用其安卓（Android）移动操作系统市场支配地位。

11 2020年9月8日，国务委员兼外交部部长王毅在"抓住数字机遇，共谋合作发展"国际研讨会高级别会议上提出。

第五章

1 《拜杜法案》通过合理的制度安排，使私人部门享有美国联邦资助科研成果的专利权成为可能，为政府资助研发成果的商业运用提供了有效的制度激励，加快了技术创新成果产业化的步伐，使得美国在全球竞争中维持其技术优势。

2 专利盒制度是指，企业从专利或包含专利的产品中取得的收入可以减免部分税收，以吸引企业在本国开展专利研发活动并将专利成果商业化。

3 习近平总书记2014年在河南调研时强调，标准决定质量，有什么样的标准就有什么样的质量，只有高标准才有高质量。英国制定了世界上最早的工业标准，美国在军事方面注重发挥标准化的作用，多数发达国家已经将标准化上升到国家战略。标准化深化了国际分工，使得发达国家的高端生产环节更加复杂、发展中国家的低端生产环节更加简化，导致后者沦为分工协作体系的依附者。我国长期重视标准化工作，并且是目前唯一同时拥有美国标准和苏联标准的工业国。在5G通信、高铁、量子和特高压方面，我国正超越美国成为全球产业新标准的主导者。

4　2021年11月1日起施行。明确不得过度收集个人信息、大数据杀熟，对人脸信息等敏感个人信息的处理做出规制，完善个人信息保护投诉、举报工作机制等。

5　为了规范数据处理活动，保障数据安全，促进数据开发利用，保护个人、组织的合法权益，维护国家主权、安全和发展利益，2021年6月10日，第十三届全国人民代表大会常务委员会第二十九次会议通过《中华人民共和国数据安全法》。

6　慕课是指大规模开放式在线课程（Massive Open Online Course）。

参考文献

[1] 李长江. 关于数字经济内涵的初步探讨[J]. 电子政务, 2017（9）: 92-100.

[2] 田丽. 各国数字经济概念比较研究[J]. 经济研究参考, 2017（40）: 101-106.

[3] 陈林芬, 王重鸣. 网络消费者行为与电子商务服务质量的关系[J]. 消费经济, 2005（3）: 78-81.

[4] 付宏, 毛蕴诗, 宋来胜. 创新对产业结构高级化影响的实证研究——基于2000—2011年的省际面板数据[J]. 中国工业经济, 2013（9）: 56-68.

[5] 郑新立, 白津夫, 唐元, 张永军, 徐伟, 刘森. 奔向2035的新发展格局[M]. 中共中央党校出版社, 2021: 216-219.

[6] 武玉华, 周玉坤, 李艳俊, 高献伟. GF（2^m）域椭圆曲线密码算法的高速实现[J]. 信息安全与通信保密, 2006（11）: 3.

[7] 李青. 经济全球化对中国实施竞争政策来说既是机遇也是挑战[J]. 竞争政策研究, 2017（5）: 27-28.

[8] 卡尔·马克思, 弗里德里希·恩格斯. 马克思恩格斯文集第2卷[M]. 中共中央马克思恩格斯列宁斯大林作编译局, 译. 北京: 人民出版社, 2009: 591-592.

[9] 卡尔·马克思, 弗里德里希·恩格斯. 马克思恩格斯文集第8卷[M]. 中共中央马克思恩格斯列宁斯大林作编译局, 译. 北京: 人民出版社, 2009: 55.

[10] 中央文献研究室. 十八大以来重要文献选编（上）[M]. 北京: 中央文献出版社, 2014: 117.

[11] 康芒斯. 制度经济学[M]. 商务印书馆, 1962: 87.

[12] 埃莉诺·奥斯特罗姆. 公共事物的治理之道[M]. 余逊达、陈旭东, 译. 上海三联书店, 2000: 82.

[13] 道格拉斯·诺斯. 经济史中的结构与变迁[M]. 上海人民出版社, 1994: 225-226.

[14] 道格拉斯·诺斯. 制度、制度变迁与经济绩效[M]. 上海三联书店, 1994: 3.

[15] 陈丹丹, 任保平. 制度变迁与经济增长质量: 理论分析与计量检验[J]. 当代财经, 2010（1）: 17-23.

[16] 韩晶, 朱洪泉. 经济增长的制度因素分析[J]. 南开经济研究, 2000（4）: 53-58.

[17] 徐永慧. 以反腐败助推高质量发展的路径——基于腐败成因的视角[J]. 中国流通经济, 2019（4）: 12.

[18] 杨英杰, 郭光敏. 新中国70年经济发展经验理论研究述评[J]. 行政管理改革, 2019（9）: 46-55.

[19] 潘向东, 廖进中, 赖明勇. 进口国制度安排与高技术产品出口: 基于引力模型的研究[J]. 世界经济, 2005（9）: 15.

[20] 拉坦. 诱致性制度创新理论科斯财产权利与制度变迁[M]. 上海三联书店, 1991: 335.

[21] 林毅夫. 关于制度变迁的经济学理论: 诱致性变迁与强制性变迁财产权利与制度变迁[M]. 上海三联书店, 1994: 435.

[22] 杨瑞龙. 我国制度变迁方式转换的三阶段论——兼论地方政府的制度创新行为[J]. 经济研究, 1998（1）: 5-12.

[23] 张晓. 数字经济发展的逻辑一个系统性分析框架[J]. 电子政务, 2018（6）: 2-10. 中国软科学, 2018（4）: 172-182.

[24] 中共中央关于制定国民经济和社会发展第十三个五年规划的建议[N]. 人民日报, 2015-11-04（02）.

[25] 荆文君, 孙宝文. 数字经济促进经济高质量发展: 一个理论分析框架[J]. 经济学家, 2019（2）: 66-73.

[26] 汤正仁. 以数字经济助力现代化经济体系建设[J]. 区域经济评论,

2018（4）：96-100.

[27] 许宪春，张美慧. 中国数字经济规模测算研究——基于国际比较的视角[J]. 中国工业经济，2020（5）：23-41.

[28] 汤志华. OECD关于数字经济下消费者通胀测度研究的经验与启示[J]. 调研世界，2020（1）：58-64.

[29] 张新红. 数字经济与中国发展[J]. 电子商务，2016（11）：2-11.

[30] 张昕蔚. 数字经济条件下的创新模式演化研究[J]. 经济学家，2019（9）：32-39.

[31] 钟春平，刘诚，李勇坚. 中美比较视角下我国数字经济发展的对策建议[J]. 经济纵横，2017（4）：35-41.

[32] 熊鸿儒. 我国数字经济发展中的平台垄断及其治理策略[J]. 改革，2019（7）：52-61.

[33] 张于喆. 数字经济驱动产业结构向中高端迈进的发展思路与主要任务[J]. 经济纵横，2018（9）：85-91.

[34] 孙德林，王晓玲. 数字经济的本质与后发优势[J]. 当代财经，2004（12）：22-23.

[35] 姜松，孙玉鑫. 数字经济对实体经济影响效应的实证研究[J]. 科研管理，2020（5）：34-41.

[36] 段博，邵传林. 数字经济加剧了地区差距吗？——来自中国284个地级市的经验证据[J]. 世界地理研究，2020（4）：728-737.

[37] 逄健，朱欣民. 国外数字经济发展趋势与数字经济国家发展战略[J]. 科技进步与对策，2013（8）：124-128.

[38] 张景先. 数字经济发展的几个关键点[J]. 人民论坛，2018（29）：78-79.

[39] 杜庆昊. 关于建设数字经济强国的思考[J]. 行政管理改革，2018（5）：51-56.

[40] 习近平. 习近平谈治国理政（第二卷）[M]. 北京：外文出版社，2017：473.

[41] 郑新立. 构建更加系统完备成熟定型的高水平社会主义市场经济体制[J]. 中国党政干部论坛，2020（10）：6-10.

[42] 曹立，韦力. 新时代高水平开放的着力点[J]. 开放导报，2020（5）：7-13.

[43] 龚晓莺，王海飞. 当代数字经济的发展及其效应研究[J]. 电子政务，2019（8）：51-62.

[44] 易宪容，陈颖颖，位玉双. 数字经济中的几个重大理论问题研究——基于现代经济学的一般性分析[J]. 2019（7）：23-31.

[45] 刘建平. 数字经济与政府规制[J]. 中国行政管理，2002（9）：9-12.

[46] 高运根. BEPS行动计划1、成果1——数字经济面临的税收挑战[J]. 国际税收，2014（10）：15-17.

[47] 张宏. 中国对外直接投资与全球价值链升级[M]. 中国人民大学出版社，2013：95.

[48] 王伟玲，王晶. 我国数字经济发展的趋势与推动政策研究[J]. 经济纵横，2019（1）：69-75.

[49] 齐俊妍，任奕达. 东道国数字经济发展水平与中国对外直接投资——基于"一带一路"沿线43国的考察[J]. 国际经贸探索，2020（9）：56-72.

[50] 范鑫. 数字经济发展、国际贸易效率与贸易不确定性[J]. 财贸经济，2020（8）：145-160.

[51] 向书坚，吴文君. OECD数字经济核算研究最新动态及其启示[J]. 统计研究，2018（12）：3-15.

[52] 刘荣军. 数字经济的经济哲学之维[J]. 深圳大学学报（人文社会科学版），2017（4）：97-100.

[53] 夏炎，王会娟，张凤，郭剑锋. 数字经济对中国经济增长和非农就业影响研究——基于投入占用产出模型[J]. 中国科学院院刊，2018（7）：707-716.

[54] 王国敏，唐虹，费翔. 数字经济时代的人力资本差异与收入不平等——基于PIAAC微观数据[J]. 社会科学研究，2020（5）：11.

[55] 斯丽娟. 数字经济时代农村信息扶贫生态系统的构建与路径优化[J]. 图书与报，2019（2）：43-51.

[56] 王文. 数字经济时代下工业智能化促进了高质量就业吗[J]. 经济

学家，2020（4）：91-100.

[57] 何宗樾，宋旭光. 数字经济促进就业的机理与启示——疫情发生之后的思考[J]. 经济学家，2020（5）：60-70.

[58] 赵涛，张智，梁上坤. 数字经济、创业活跃度与高质量发展——来自中国城市的经验证据[J]. 管理世界，2020（10）：65-75.

[59] 康铁祥. 中国数字经济规模测算研究[J]. 当代财经，2008（3）：118-121.

[60] 杨仲山，张美慧. 数字经济卫星账户：国际经验及中国编制方案的设计[J]. 统计研究，2019（5）：18-32.

[61] 金星晔，伏霖，李涛. 数字经济规模核算的框架、方法与特点[J]. 经济社会体制比较，2020（4）：69-78.

[62] 王彬燕，田俊峰，程利莎，浩飞龙，韩翰，王士君. 中国数字经济空间分异及影响因素[J]. 地理科学，2018（6）：859-868.

[63] 张雪玲，焦月霞. 中国数字经济发展指数及其应用初探[J]. 浙江社会科学，2017（4）：32-40.

[64] 张伯超，沈开艳. "一带一路"沿线国家数字经济发展就绪度定量评估与特征分析[J]. 上海经济研究，2018（1）：10.

[65] 刘方，孟祺. 数字经济发展：测度、国际比较与政策建议[J]. 青海社会科学，2019（4）：83-90.

[66] 徐清源，单志广，马潮江. 国内外数字经济测度指标体系研究综述[J]. 调研世界，2018（11）：52-58.

[67] 吴晓怡，张雅静. 中国数字经济发展现状及国际竞争力[J]. 科研管理，2020（5）：252-260.

[68] 王玉柱. 数字经济重塑全球经济格局——政策竞赛和规模经济驱动下的分化与整合[J]. 国际展望，2018（4）：60-79.

[69] 钟业喜，毛炜圣. 长江经济带数字经济空间格局及影响因素[J]. 重庆大学学报：社会科学版，2020（1）：19-30.

[70] 丁文联. 数据竞争的法律制度基础[J]. 财经问题研究，2018（2）：15-19.

[71] 费方域，闫自信. 大数据经济学视域下的竞争政策[J]. 财经问题研

究，2018（2）：2-7.

[72] 王璐瑶，万淑贞，葛顺奇. 全球数字经济治理挑战及中国的参与路径[J]. 国际贸易，2020（5）：7.

[73] 李俊江，何枭吟. 美国数字经济探析[J]. 经济与管理研究，2005（07）：13-18.

[74] 乔晓楠，郝艳萍. 数字经济与资本主义生产方式的重塑——一个政治经济学的视角[J]. 当代经济研究，2019（5）：7-17.

[75] 丁晓钦，柴巧燕. 数字资本主义的兴起及其引发的社会变革——兼论社会主义中国如何发展数字经济[J]. 毛泽东邓小平理论研究，2020（6）：45-50.

[76] 何枭吟. 数字经济发展趋势及我国的战略抉择[J]. 现代经济探讨，2013（3）：39-43.

[77] 崔珊珊. 权力、观念与制度[D]. 长春：吉林大学，2019：5-50.

[78] 陈一远. 制度的有效性及其影响因素研究[D]. 济南：山东大学，2016：78-90.

[79] 惠志斌. 5G与数字经济[J]. 探索与争鸣，2019（09）：52-55.

[80] 曹正勇. 数字经济背景下促进我国工业高质量发展的新制造模式研究[J]. 理论探讨，2018（2）：99-104.

[81] 辜胜阻，吴华君，吴沁沁，余贤文. 创新驱动与核心技术突破是高质量发展的基石[J]. 中国软科学，2018（10）：14-23.

[82] 严若森，钱向阳. 数字经济时代下中国运营商数字化转型的战略分析[J]. 中国软科学，2018（4）：177-187.

[83] 陈晓红，唐立新，李勇建，霍宝锋，刘士新，顾远东. 数字经济时代下的企业运营与服务创新管理的理论与实证[J]. 中国科学基金，2019（3）：301-307.

[84] 史佳颖. APEC数字经济合作：成效与评价[J]. 国际经济合作，2018（10）：28-32.

[85] 王娟. 数字经济驱动经济高质量发展：要素配置和战略选择[J]. 宁夏社会科学，2019（5）：89-95.

[86] 赵剑波，杨丹辉. 加速推动数字经济创新与规范发展[J]. 北京工业

大学学报（社会科学版），2021（2019-6）：71-79.

[87] 杜庆昊. 中国数字经济协同治理理论框架和实现路径[J]. 理论视野，2020（1）：45-50.

[88] HART O D, MOORE J.On the Design of Hierarchies: Coordination Versus Specialization[J]. Journal of Political Economy, 2005, 113: 675–702.

[89] TIROLE J, MASKIN E. Unforeseen Contingencies and Incomplete Contracts[J]. Review of Economic Studies, 1999, 66: 83–114.

[90] MFP DIAS, EA PEDROZO, TND SILVA. The innovation process as a complex structure with multilevel rules[J]. Journal of Evolutionary Economics, 2014, 24:1067–1084.

[91] 刘淑春. 中国数字经济高质量发展的靶向路径与政策供给[J]. 经济学家，2019（6）：52-61.

[92] 涂勤.《新兴的数字经济Ⅱ》[J]. 世界经济，1999（8）：79-80.

[93] 张冬杨. 俄罗斯数字经济发展现状浅析[J]. 俄罗斯研究，2018（2）：130-158.

[94] 刘西友. 经济高质量发展的国际经验和启示[N]. 中国审计报，2020-8-19（3）.

[95] JORGENSON, DALE, KJ STIROH. US Economic Growth at the Industry Level. The American Economic Review, 2000, Vol. 90, No. 2, pp:161–167.

[96] 李晓华. 数字经济新特征与数字经济新动能的形成机制[J]. 改革，2019（11）：40-51.

[97] 张磊，张鹏. 中国互联网经济发展与经济增长动力重构[J]. 南京社会科学，2016（12）：7-14.

[98] ERIK BRYNJOLFSSON. The Productivity Paradox of Information Technology. Communications of the ACM, 1993, Vol.35, No. 12:66–77.